KB154710

100% 득을 보는 대화법

100% 득을 보는 대화법

아라이 요시카즈 지음 / 박권호 옮김

고즈윈
God'sWin

99%의 사람들이 대화법 때문에 손해를 본다고 생각합니다

일상 대화에서 '나는 말이 서툴러서 인생이 잘 풀리지 않는다'라거나 '나는 다른 사람처럼 말이 유창하지 않아서 제대로 된 평가를 받지 못하고 있다' 혹은 '되도록이면 나에게 말할 차례가 돌아오지 않았으면 좋겠다. 재미있게 말할 자신이 없으니까'와 같은 불안이나 불만을 느낀 사람들이, 이 책을 펼쳤으리라 생각합니다.

한편 이런 사람들이 있을지도 모르겠습니다.

"무심결에 말을 너무 많이 해서 언제나 상대방이 나하고 이야기하기를 꺼려한다. 어떻게 해야 하나?"

"나는 재미있다고 생각해서 이야기했는데 전혀 재미없다는 소리를 듣는다."

"말은 내가 훨씬 잘하는데 왠지 다른 사람이 호감을 산다."

이 책은 이런 고민을 하는 분들의 위한 안내서입니다. 대화 상대가 동료든, 고객이든, 친구든, 연인이든 그 누구와도 대화 때문에 고민하는 일이 없어질 것입니다. 그리고 이책을 끝까지 다 읽었을 때쯤이면 '뭐야, 대화라는 게 이렇게 간단한 거였어?' 하고 마음이 편안해져 있을 것입니다.

이 책을 읽기 전 꼭 알아야 할 것이 있습니다. 그것은 '세상의 99%의 사람들은 대화 때문에 손해를 보고 있다'는 사실입니다.

왜 그렇게 이야기할 수 있을까요? 99%의 사람들은 대화를 할 때 상대방의 이야기를 전혀 듣지 않기 때문입니다. 그런데 '아니 그럴 리가 없다'거나 '나는 다른 사람의 말을 경청하는 것을 평소 모토로 하고 있다'. 그리고 '회사에서도 집에서도 나만큼 다른 사람의 말을 들어주는 사람은 없다'라는 생각을 가진 사람들도 적지 않을 것입니다.

정말 그럴까요? 여러분은 대화할 때 '정말로' 상대방의 말을 경청하고 있습니까? 혹시 상대방의 이야기를 들으면서 '내 차례가 되면 어떻게 하지' 혹은 '나는 무슨 이야기를 하지' 같은 생각, 즉 자기가 할 말만을 생각하고 있지는 않으십니까? 그래서 '상대방의 이야기가 전혀 귀에 들어오지 않는 것'은 아닐까요?

그렇습니다. 세상의 99%의 사람들은 '다른 사람의 말을 듣고 있다'라고 말하면서도 사실은 '자신이 할 이야기만을 생각하고 있는' 것입니다. 그 증거로 대화가 끝난 후에 상대방과 뭘 이야기했는지 자세히 기억하는 사람은 거의 없습니다. 그리고 언제나 마음속으로는 '나를 조금이라도 돋보이게 하고 싶다. 좋은 인상을 주고 싶다'라고 생각합니다.

물론 그런 생각을 하는 사람은 단지 당신뿐만이 아닙니다. 대화에 자신이 있는 사람, 말이 어눌한 사람, 남녀노소 할 것 없이 모두가 갖고 있는 공통적인 생각인 것입니다.

지금까지 수천 명 이상을 지도해 온 경험상 '정말로 상대방의 이야기를 듣고 있는 사람'은 기껏해야 100명 가운데 1명 정도밖에 되지 않습니다. 아니 1,000명에 1명이라 해도 과언이 아닐 겁니다. 그렇기 때문에 '99%의 사람들은 다른 사람의 이야기를 듣지 않고 있다'고 단언하는 것입니다.

바로 이 부분이 여러분에게 기회가 될 수 있습니다. 세상의 99%의 사람들은 자신이 할 말만을 생각합니다. 뒤집어서 생각해보면 상대방의 이야기를 '정말로' 듣기만 하면 당신은 주변에 도움이 되는 중요한 존재가 될 것입니다.

여기서 이런 질문을 할지 모르겠네요.

"대화에서 다른 사람의 말을 듣는 것의 중요성을 일러주는 책은 이 세상에 정말 많잖아요? 그런 책들과 뭐가 달라요?"

단도직입적으로 분명히 말하겠습니다. 세상 사람들 99%의 이야기를 '듣는 방법이 틀렸다'는 것입니다.

"어? '이야기를 듣는 법이 잘못되었다고?' 그 말의 의미를 잘 모르겠는데?"

네, 그렇게 생각할 수 있다고 봅니다. 그래서 지금부터 자세하게 설명해 보도록 하겠습니다.

이 책에서 말하고자 하는 것은, 다른 사람의 이야기를 들을 때는 듣는 사람인 당신은 '대화의 무대 위에서 내려와' 상대에게 대화의 90%를 하게 하라는 것입니다. 단지 이것이 전부입니다.

'대화의 무대 위에서 내려온다? 역시 이해가 안 되는데….'

그렇게 생각하는 것도 무리가 아닙니다. 그러나 '대화의 무대 위에서 내려온다'고 하는 사고방식이야말로 제가 주장하는 '100% 득을 보는 대화법'의 핵심이라고 할 수 있습니다.

먼저 무엇보다 가장 중요한 것은 '이야기를 하지 않는다'보다도 '자신이 이야기하고 싶은 쪽으로 상대방을 끌고 가지 않는다'입니다.

여기에서 말하고자 하는 핵심은, 세 가지입니다.

첫째, 절대 자신이 이야기하고 싶은 쪽으로 상대방을 끌고 가지 않는다.

둘째, 상대가 대화의 90%를 하게 한다.

셋째, 상대가 기분 좋게 이야기하도록 만든다.

너무 간단한가요? 그래서 맥이 빠지셨나요? 그러나 잘 생각해 보십시오. 첫 번째 단계인 '절대 자신이 이야기하고 싶은 쪽으로 상대방을 끌고 가지 않는다'는 의외로 어렵습니다. 왜냐하면 기본적으로 인간은 '이야기를 하고 싶어 하는 생물이기 때문'입니다. 아무리 말주변이 없는 사람이라 하더라도 오랫동안 계속해서 상대방의 이야기를 듣고 있으면 힘들고 재미없습니다.

그리고 아무리 이야기하지 않으려고 애를 쓰는 사람이라도 한번 이야기할 기회가 주어지면 그때부터는 마치 눈사태처럼 이야기를 쏟아 내는 경우를 종종 볼 수 있습니다. 그래서 '대화의 무대 위에서 내려온다'는 사고방식이 중요해지는 것입니다.

어떻게 하면 '대화의 무대 위에서 내려올 수 있을까요?' 사람들은 누군가와 이야기할 때 상대방이 한 명이든 여러 명이든 상관없이 무의식적으로 상대방과 같은 무대 위에 서서 이야기를 합니다.

바로 이런 생각을 바꾸는 것입니다. 다시 말해 상대보다 자기 자신을 한 단계 낮추어서 이야기하는 것을 항상 의식하는 것입니다.

만담 콤비를 예로 들면 짝꿍에게 무대 위에서 이야기하게 하고 자신은 무대 위에서 내려옴으로써 짝꿍이 조명을 받게 하는 그런 이미지입니다. 그렇게 함으로써 듣는 쪽인 자신은 '무(無)'가 되고 상대의 이야기를 '정말로' 들을 수 있게 됩니다.

다음은 '사람들은 당신의 이야기에 전혀 흥미를 갖지 않는다'입니다. 제가 이 사실을 깨달은 것은 회사 생활을 그만두고 프리랜서가 된 후 얼마 지나지 않아서였습니다.

저는 어려서부터 말주변이 없어 대학을 졸업할 때까지 친구가 한 명밖에 없을 정도로 내성적이었습니다. 고생해서 들어간 회사에서는 사람 만나기가 너무 겁나 영업도 못 나갔고, 결국 연간 계약 건수는 겨우 세 건이었습니다. 게다가 이것도 첫 달에 신입사원 우대로 겨우 따낸 것이었습니다.

두 달째 이후부터는 전혀 실적을 올리지 못해, 일일 보고서에 '전부 거절당했습니다'라고 써서 제출할 정도로 가능성이 없는 사원이었습니다. 얼마 지나지 않아 해고되었는데 어쩌면 당연했을지도 모릅니다.

그 후로는 피시방 알바, 심야 택배 분류 작업, IT회사 영업 등 여러 가지 직업을 전전했지만 어느 것 하나 오래가지 못하고 결국 가벼운 우울증까지 와서 프리랜서라고 하는 길을 선택하지 않을 수 없게 되었습니다. 그런데 프리랜서가 되고 나서 우연히 읽게 된 책의 한 문장 때문에 나의 인생은 극적으로 변했습니다. 그 문장은 바로 '사람들은 당신의 이야기에 전혀 흥미가 없습니다'였습니다.

다시 한번 이야기하지만 저는 상당한 대인 공포증을 겪고 있었습니다. 여하튼 사람을 만나는 것이 무서웠습니다. 사람들과 만나는 것이 무섭다라고 하는 증상은 정말 그리 간단치 않아서 영업하러 나간 회사의 출입문마저 열지 못할 정도로 사람들과 접촉을 무서워했습니다. 그런 상태였기 때문에 문의 손잡이를 만지면 찌릿하고 감전된 것처럼 손이 저려 방문처의 문을 열고 들어갈 수도 없었습니다. 그때 저는 그 정도로 사람들과 이야기하기를 싫어했습니다.

그러니 '인생이 잘 풀리지 않는 것은 사람들과 이야기를 잘 못하기 때문이다. 말주변이 없는 나는 아무짝에도 쓸모없는 인간이며 연예인들의 이야기처럼 재미있지 않으면 누구도 이야기를 들어주지 않는다'라고 미리 단정 지어 버렸습니다.

그러나 그 책에서 본 '사람들은 당신의 이야기에 전혀 흥미가 없습니다'라는 한 줄의 문장에 충격을 받고 대화라고 하는 것을 보다 깊이 연구하게 되었습니다. 그래서 깨달은 것이 '내가 이야기하고 싶은 방향으로 상대방을 끌어가지 않는다면 상대는 자신의 이야기를 할 수밖에 없다. 상대가 대화의 90%를 하도록 하게 하면 상대의 이야기를 '진심으로' 들을 수 있게 된다'라는 것이었습니다.

마지막으로, 인생을 바꾸고 싶다면 상대에게 전체 대화의 90%를 하게 하십시오. 나 자신도 '상대에게 90%를 이야기하게 하는 대화법'을 실천하면서 이전과는 180도 다른 인생 대역전이 시작되었습니다.

먼저 누구나가 다 알고 있는 유명인들의 대화 지도를 의뢰받았습니다. 그리고 그런 사람들이 더 큰 성공을 하게 되면서 입소문을 타고 일이 늘어가고 내 지도를 받거나 강좌를 듣고 창업한 사람이나 전직한 사람들이 눈부신 성과를 거두었습니다.

예를 들면, 소매업 분야에서 첫 월 매출 NO. 1 기록을 수립하고, 또는 상장 기업의 임원으로 일약 승진하거나, 한 번도 남성과 사귀어본 적이 없던 여성이 성공한 여러 명의 남성들로부터 프러포즈를 받는 등 많은 사람들이 자신이 바라던 꿈을 이루게 되었습니다. 그리고 나 스스로도 '상대에게 90%를 이야기하게 하는 대화법'에 관한 지도를 거듭할수록 그 방법이 한층 더 세련되어 갔습니다.

이처럼 '대화법'을 통해서 인생 대역전을 이루어 내고 많은 사람들을 성공으로 이끈 저이기에 자신 있게 이야기할 수 있는 것이 있습니다. 이야기를 듣는 사람인 당신은 '대화의 무대 위에서 내려와서' 상대방이 대화 전체의 90%를 이야기하게 하십시오. 이것만으로도 당신의 인생은 확실하게 바뀝니다.

이 방법은 말주변이 없는 사람이든 언변이 좋은 사람이든 관계가 없습니다. 자신은 대화의 무대 위에서 내려와 상대에게 전체 대화의 90%를 하게 하는 대화법만으로도 상대방은 당신에게 고마워하고 당신을 위해서 당신에게 무언가를 열심히 보답해주게 될 것입니다.

그 결과 당신은 사업, 금전, 인간관계, 연애, 인생 등등 그 모든 것에서 득을 보게 될 것입니다. 요즘은 직접적인 대면 만남뿐만 아니라 전화나 온라인을 이용한 비대면대화도 늘어 가고 있습니다.

'득을 보는 대화법'의 핵심 비법인 '상대방에게 대화 전체의 90%를 하게 해서 상대의 기분이 좋아지게 만드는 것'은, 온라인에서의 비대면 대화에서도 유용한 방법입니다. 그 결과를 기대하면서 꼭 실천해 보셨으면 합니다.

제 인생이 갑자기 대역전한 것처럼 이 책을 읽고 있는 여러분들의 인생도 순조롭게 술술 풀려서 여러분의 얼굴에 행복한 미소가 많이 늘어나길 진심으로 바랍니다!

아라이 요시카즈

시작하며 99%의 사람들이 대화법 때문에 손해를 본다고 생각합니다

왜 '자기 이야기'를 해서는 안 되는가?

4장

반응이 좋으면 대화가 활기를 띤다

듣고 싶은 말을 100% 끌어낼 수 있는 마법의 질문법

실천! '100% 득을 보는 대화법'

1장

왜 '자기 이야기'를 해서는 안 되는가?

커뮤니케이션이 서투른 사람은 '대화 방법이 나쁜 것'이 아니라 '자기 긍정감이 낮은 것'일 뿐

자기 긍정감을 높이면 자연히 커뮤니케이션은 좋아진다

구체적인 이야기로 들어가기 전에 먼저, 어떻게 해서 이 책이 쓰였는지, 그리고 '100% 득을 보는 대화법'을 터득하면 어떤 좋은 일이 생기는지에 대해서 소개하고자 합니다.

먼저 제 프로필부터 소개하겠습니다.

10대: 친구가 한 명밖에 없을 정도의 심한 낯가림을 가진 소년
20대: 빈둥빈둥 시간만 축내는 청년 실업자
30대: 실적이 전혀 없는 미래가 안 보이는 영업맨
40대: 항상 미소가 넘치는 사장님

어떠세요? 어지간히도 가망이 없었던 사람이었다는 느낌이 들지 않으십니까? (웃음) 지금 저는 마흔여섯 살인데 마흔 살까지 전혀 희망이 없는 인생을 살아왔습니다만, 그 원인의 90%는 극도로 심한 낯가림과

눌변에 있다고 생각했습니다.

요즘에는 처음 만나는 사람들에게 '예전에는 낯가림이 심했다'고 이야기하면 모두 "네? 낯가림이요? 전혀 그렇게 보이지 않는데요" 하고 놀라지만 마흔 살이 되기 전까지의 제 낯가림은 극복하기 힘들 정도로 심했습니다. 대학시절에는 '학교에 가 누군가와 이야기하는 것이 귀찮아서' 강의에는 거의 나가지 않고 방에만 틀어박혀 하루 종일 게임과 만화에 빠져 나날을 보냈습니다.

두 번의 매장 아르바이트는 손님과의 커뮤니케이션이 좋지 않다는 이유로 모두 출근 첫날 해고되었습니다. 어쩔 수 없이 사람들과 이야기를 하지 않아도 되는 아르바이트를 전전하며 용돈을 벌어야만 했습니다.

지금 돌이켜 보면 저의 문제는 '말하는 방법'이 아닌 '낮은 자기 긍정감'에 있었다고 생각합니다. 그러나 당시에는 모든 문제가 '대화법에 있다'고 미리 단정 지어 버렸습니다. 그래서 사람들과 만나서 이야기한다는 것은 길을 걷다가 갑자기 무서운 괴물을 만나는 것과 똑같은 공포였습니다.

제가 어렸을 때, 어른들은 모두 '이 녀석을 어떻게 해서 속여 볼까'라거나 '이 녀석의 약점은 이것이구나'라는 생각만 하면서 대화하는 것처럼 보였습니다.

성인이 되어서는 '역시 이 사람도 형편없는 나를 보고 마음속으로 한심하다고 생각하겠지'라거나 혹은 '이 사람에게 말을 걸었다가 혹시 내가 별 볼일 없는 사람이라는 것이 들통이라도 나 버리면 어떻게 하지'라는 생각마저 들게 되었습니다.

지금 생각해보면 자의식 과잉도 좋은 점이긴 하지만 당시에는 나의 내성적인 성격이 모든 악의 근원이라고 생각했습니다. 이런 남자에게 회사는 생지옥입니다.

이 글을 시작하면서 잠깐 언급했지만 졸업 후 들어간 회사에서는 사람 만나는 것이 너무 무서워 영업도 못 나갔고 연간 계약 건수는 첫 달의 세 건뿐이었습니다. 나머지 11개월 동안은 사람 만나는 것이 무서워 매일 맥도날드에서 아침을 때우고 파친코에 가 시간을 보냈습니다.

당연히 1년 후에 회사로부터 '출근하지 않아도 괜찮다'는 해고 통지를 받게 되었습니다. 해고된 후에는 집에 틀어박혀 게임 삼매경. 백수 생활의 시작이었습니다.

그 후 사람과 이야기하지 않아도 된다는 점 때문에 게임센터 아르바이트를 했는가 하면 여자 친구 집에 슬쩍 눌러살며 빈대 생활을 한 적도 있습니다. 그러던 어느 날 나의 백수 생활을 그냥 놓고 볼 수 없었던 친구 아버지께서 심야 아르바이트를 알아봐 주셨습니다.

배송할 택배 물건을 분류하는 일이었는데 제게는 천국 같은 일이었습니다. 누구와도 이야기하지 않아도 되고 분류할 물건이 적을 때는 1시간 만에 일이 다 끝났습니다. 그다음은 휴게실에서 멍하니 시간을 보내기만 하면 되니까 너무 좋았습니다. 같이 아르바이트를 하는 사람들의 면면도 특이하고 이상한 사람들뿐이었습니다.

들어간 직장마다 바로 해고당하고 여기저기를 전전하고 있는 남자, 젊지만 몸이 너무 약해서 아무 의욕이 없는 청년, 게임 중독에 걸린 대졸자, 경비원을 하다가 해고된 아저씨 등등이 대부분이었습니다.

그런 신세들이라서 무슨 이야기를 해도 신이 날 리가 없고 당연히 일이 끝나면 다들 바로 집에 돌아갔습니다. 그런 상황에서 매일 주야가 바뀐 생활 때문에 같이 놀 친구도 전혀 없었습니다. 그러던 어느 날 '여기에 오래 있어서는 안 되겠구나' 하고 직감적으로 느낀 저는 다른 일을 하기로 결심했습니다. 다시 마음을 다잡고 가전 제품 판매점에서 일하기로 한 것입니다. 그러나 거기서도 사람들과 잘 어울리지 못해 힘들었던 나는 다시 전직을 생각하게 되었습니다.

'이제 그만둬야 하나….'

이렇게 생각하고 있던 차에 마침 어머니 친구분께서 한 회사의 기술 직 일을 소개해 주셨습니다. 그 회사에 입사하게 되면 프로그래밍 업무를 하게 되어 있었는데 원래 문과 계열인 나는 프로그래밍에 관한 지식이나 경험이 전혀 없었습니다. 그러나 '사람들하고 이야기하지 않아도 되는 업무니까'라는 점에 끌려 입사하기로 했습니다.

'사람들하고 전혀 이야기를 하지 않아도 되는 일이라면 프로그래밍에 관한 기술 정도는 지금부터 열심히 배워서 해보지 뭐'.

그렇게 결심하고 입사하기 전까지 열심히 공부하면서 준비를 했습니다. 지금 생각해 보면 노력의 방향성이 틀리지 않았었나 하는 생각도 들지만 그 당시의 나로서는 '사람들과 이야기하지 않아도 된다'는 점이 그 정도로 중요했던 것입니다.

노력한 보람이 있었는지 그 회사에서는 10년 이상 일할 수 있었습니다. 사람들과 이야기할 필요가 거의 없이 묵묵히 컴퓨터 앞에 앉아만 있으면 되었기 때문에 내 성격과 딱 맞았습니다. 그러나 이런 소소한 행복은 그리 오래가지 못했습니다. 아무리 그렇더라도 프로그래밍이라는 일을 해본 적이 없는 저 같은 비전문가를 아무 생각없이 고용한 회사였습니다.

정신을 차려보니 회사는 점점 어려워졌고 나는 영업부서로 자리를 옮겨야만 했습니다. 그렇게 대학 졸업 후 바로 해고된 첫 직장과 같은 영업부서로 되돌아간 것입니다. '또 영업을 해야 하나'라는 생각에 우울한 나날이 지속되었습니다. 그러던 어느 날 내 인생에 있어서 큰 전환점이 되었던 한 만남이 찾아왔습니다. 예전에 택배 분류 아르바이트를 할 때 같이 일한 선배하고 거리에서 우연히 마주친 것입니다.

인생은 유령의 집과 같다. 빛만 있다면 무섭지 않다

'카와노'라는 선배였는데 택배 물품을 분류하는 심야 아르바이트를 같이 했습니다. 나는 처음에 그 선배가 말을 걸어왔을 때는 누군지 전혀 알아보지 못했습니다. 그도 그럴 것이 내 기억에 남아 있는 그 선배의 모습과는 전혀 달랐기 때문입니다.

제가 기억하는 선배의 인상은 남루한 아저씨였습니다. 대화가 별로 없었던 아르바이트 멤버 중에서도 가장 따분한, 흔히 말하는 한심해 보이는 아저씨였습니다. 그런 사람이었는데 믿기지 않을 정도로 점잖고 격조 있는 모습을 하고 "어이, 아라이" 하면서 말을 걸어왔습니다.

"카와노 선배 요즘 뭘 하고 계세요?"

제가 묻자 그는 "투자 상담사 일을 하고 있어"라고 했습니다. 머릿속이 의문투성이가 된 저는 "투자 상담사는 뭐 하는 거예요?"라고 다시 물었습니다.

그러자 그가 "아라이 너도 한번 상담받아 보지 않을래?"라고 되물었습니다. 너무나도 많이 달라진 선배의 모습에 놀란 나는 그 일이 뭐하는 건지는 잘 몰랐지만 일단 '투자 상담'을 받아보기로 했습니다.

며칠 후 선배가 알려준 호텔로 갔습니다. 호텔 라운지에 들어가 보는 것은 태어나서 처음이었기 때문에 내심 가슴이 두근두근했습니다. 긴장하고 있던 나에게 선배는 지금도 잊지 못할 한마디를 던졌습니다.

"아라이 너는 지금 밤길을 걷고 있는 것과 같아. 하지만 아무리 어두운 밤길이라도 가로등만 있으면 무섭지 않지 않겠어? 환히 주위가 보이기만 하면 별로 무섭지 않으니까. 유령이 나오는 집도 똑같아. 거기는 단지 대학생이 유령 아르바이트를 하고 있는 곳일 뿐이잖아."

충격이었습니다. '그래. 나 스스로 괜히 움츠러들고 무서워했던 거야.

22

내가 무서워했던 것은 진짜 유령이 아니라 그냥 유령의 집이었을지도 몰라.' 그날 충격을 받은 것은 단지 이 한마디뿐이었고, 그다음은 투자 상담도 없이 몇 명씩 조를 나누어 진행하는 뻔한 강의가 전부였습니다.

그러나 저는 왜 그런지 희한하게 속았다는 기분이 들지 않았습니다. 왜냐하면 같은 사람인데도 몰라볼 정도로 변한 선배를 보고 나서 나에게 근거도 없는 자신감 같은 것이 생겼기 때문입니다. 나는 곧바로 그에게 '이런 강의는 어떤 방식으로 진행되는 건지 가르쳐달라'고 부탁했습니다. 그리고 매월 2회 간격으로 카와노 선배의 강의를 들었습니다.

강의는 일반적인 것이었고 특별한 내용이 있는 것도 아니었습니다. 단지 항상 내 이야기를 열심히 들어준 카와노 선배는 무슨 말에도 '아! 오!' 하면서 마음이 담긴 맞장구를 쳐주었습니다.

그리고 내가 이야기할 때마다 "아라이 너 대단하다!"라는 말을 해 주었습니다. 그래서 말주변이 없어서 항상 사람을 무서워했던 내가 나중에는 카와노 선배에게 나의 과거사를 비롯하여 가족 이야기나 고민 등을 편하게 말할 수 있게 되었습니다. 카와노 선배가 진심으로 이야기를 들어주는 것만으로도 '살아 있다'는 느낌이 들었습니다. 지금 생각해 보면 '득을 보는 대화법'의 원점은 카와노 선배의 강의였을지도 모르겠습니다.

02

사람들은 '당신이 진심으로 이야기를 듣고 있는지 아닌지'만을 본다

인간은 '자기 이야기를 들어주는 사람'에게 흥미를 느낀다

앞에서 말했지만 갑작스러운 회사의 업무 배치 전환으로 영업을 맡은 저의 모든 것은 엉망이었습니다. 프로그래머 시절에는 거의 필요 없었던 사원 간의 교류에 안절부절 신경을 쓰다 보니 머리가 점점 이상해질 정도였습니다. 그리고 실제로 이상해져 결국 우울증으로 휴직까지 하게 되었습니다. 카와노 선배와의 만남으로 조금은 이야기에 자신이 생겼다고 생각했지만, 인생은 그렇게 만만하지 않았습니다.

휴직 중에 카운슬링 자격시험 공부도 하고 투자 상담 강의를 받기도 했습니다. 언젠가는 영업직 일을 그만두고 독립하는 것만이 살아갈 수 있는 희망이었습니다. 회사에서 인정해 준 휴직 기간이 끝난 후에 프리랜서가 되기로 결심했습니다. 정확히 말하면 더 이상 쉴 수 없게 되었기 때문에 프리랜서가 될 수밖에 없었다는 것이 진짜 이유였습니다. 그러나 어리석은 결단이었습니다. 원래 말주변이 없고 낯가림이 심한 사람이 프리랜서가 되었다고 갑자기 말주변이 생길 리 만무했습니다. 오히려 회사원 시절보다 말로 먹고살아야 하는 일인 만큼 훨씬 더 고생스러 웠습니다.

프리랜서 세계에서는 '자기가 직접 영업을 하지 못하면 그것으로 끝' 입니다. 저는 필사적으로 대화법에 관한 책들을 죄다 읽고 세미나에도 참석했습니다. 하지만 스스로 생각해도 어이없는 웃음이 나올 정도로 그 결과는 형편없었습니다. 너무나도 형편없는 상황이 계속되는 동안 문득 '아무래도 내가 선택한 길로 계속 가면 실패할 것 같다'는 사실을 깨달았습니다. 저는 100%의 확률로 늘 잘못된 길을 선택하고 마는 인 간이었던 것입니다. 그래서 큰 마음을 먹고 발상을 전환해 보기로 했습 니다.

'어차피 계속 실패해 온 인생이니까 지금까지 하지 않는 것이 좋다고 생각해 왔던 것을 한번 해보면 어떨까?'

거기서부터 시작해서 지금까지 읽어본 적이 없는 타입의 책을 읽어 보자고 마음먹었습니다. 여태껏 비지니스 관련 번역서를 한 번도 읽어 본 적이 없었던 나는 내용도 보지 않고 서점에서 비지니스 관련 번역서 를 샀습니다. 그리고 그 책이 제 인생을 크게 바꿔 놓았습니다.

그렇습니다. 이 책 「시작하며」에서도 잠깐 언급한 바로 그 한 문장이 었습니다.

"사람들은 당신의 이야기에 전혀 흥미가 없습니다."

지금도 그때 받았던 충격은 잊을 수가 없습니다. 마치 한겨울 폭포수 물줄기에 맞은 것 같은, 온몸에 번개를 맞은 듯한 그야말로 믿기 어려운 한 문장이었습니다. 게다가 뒤에 계속 이어진 문장에 더욱더 큰 충격을 받았습니다.

"사람들은 단지 상대방이 자신의 이야기를 진심을 듣고 있는지 아닌지만을 본다."

설마 그럴 리가…. 믿기 어려웠습니다. 그때까지 대화 상대가 제 이야기를 들으면서 '가능성이 있는지 없는지', '의지가 있는지 없는지', '성실한 사람인지 아닌지'를 평가하고 있다고 믿어왔기 때문입니다. 그런데 내 이야기를 전혀 듣고 있지 않다니. 너무 놀란 나머지 맥이 빠져 머리가 멍할 따름이었습니다.

'사회인이 되고 나서부터 나의 십수 년은 뭐였을까…? 상대방은 내 이야기에 아무런 흥미도 없는데 상대가 어떻게 생각할지에 대한 걱정만으로 인생을 허무하게 날려버리다니.' 그러나 그런 생각이 든 순간부터 상당히 편안한 마음이 들기도 했습니다.

'혹시 이 말이 정말이라면 마음이 놓인다. 그렇잖아? 그 누구도 내 이야기 따위에 관심이 없으니까. 필사적으로 이야기하지 않아도 되는 거네.'

그런 생각이 든 순간부터 나의 인생은 제트코스터처럼 맹렬한 속도로 역상승하기 시작했습니다.

상대방이 이야기를 끝낼 때까지 자신의 이야기는 일절 하지 않는다

'자기 이야기'보다도 '상대방의 이야기를 진심으로 열심히 듣는' 편이 훨씬 편하고 득이 된다

사람들은 상대방의 이야기에 전혀 흥미를 갖지 않으며 또 자신의 이야기를 들어주었으면 하는 생물이라는 것을 깨달은 저는, 그때부터 단지 '듣는다'만을 뛰어넘어서 '진심을 다해 상대방의 이야기를 듣는' 기술을 몸에 익히는 데 몰두했습니다.

'스스로 무대 위에서 내려와 상대에게 스포트라이트를 비추는 경청'도 이렇게 해서 몸에 익힌 기술 중에 하나입니다. 상대의 말이 끝날 때까지 신중하게 계속해서 듣고 내 이야기는 일절 하지 않는다는 규칙을 정했습니다.

그리고 어느 순간 인생에서 처음으로 저의 '눌변'이 도움된다는 사실을 깨달았습니다. 내가 이야기하는 것보다는 상대에게 스포트라이트를 비추면서 진심을 다해 듣는 편이 저로서는 오히려 더 편했기 때문입니다.

제가 힘들어하면서 이야기하려고 할 때는 사람들이 전혀 찾아오지 않았는데, '말하지 않는다'는 결정을 하자마자 소개를 받고 찾아온 사람들이 늘기 시작했습니다.

그때까지 '나는 정말 같은 이야기라도 정말 재미없게 한다'라거나 '내 이야기는 다른 사람에게 별로 도움이 되지 않는다'는 생각으로 사람들과 대화를 피해왔던 것이 무색할 따름이었습니다.

상대방이 나의 이야기를 '듣고 있다'고 생각하기
때문에 실패한다

사람들은 평소 다른 사람의 이야기를 건성건성 듣는다

대화의 비법을 깨닫고 나서 여러 사람을 관찰해 보았습니다. 그리고 굉장히 흥미로운 사실을 발견했습니다. 한마디로 이야기하면, '사람들은 원래 다른 사람의 이야기를 건성건성 듣는다'는 것입니다.

"그럴 리가 없어요. 저는 사람들의 이야기를 듣는 편인데요."

이렇게 말하는 사람들이 있을지 모르겠습니다. 그런데 제가 관찰한 바로는 정말로 다른 사람의 이야기를 진지하게 듣고 있는 사람은 100명에 1명, 아니 1,000명에 1명 정도입니다.

제가 아는 사람들을 보더라도 몇 명 정도밖에 없습니다. 대부분은 언뜻 봐서 상대의 이야기를 진지하게 듣고 있는 것 같지만, 머릿속으로는 자신이 이야기하고 싶은 것 혹은 이야기하지 않으면 안 되는 것만을 생각합니다.

혹시 여러분은 상대가 뭔가를 한참 이야기하고 있을 때 이런 생각을 해본 적이 없습니까?

'이 사람 테니스를 잘하는구나. 혹시 서로 아는 친구가 있을지도 모르겠네. 나중에 물어봐야지.'

'이쯤에서 나도 존재감을 보여야 하는데…. 무슨 이야기가 제일 먹힐까?'

'나에게 말을 시키면 어떡하지. 뭔가 재미있는 이야기를 해야 하는데….'

이처럼 사람들은 상대의 이야기를 듣고 있는 것 같지만 사실은 별로 듣고 있지 않습니다. 오히려 사람들은 상대방의 이야기를 들으면서 '다음에 자신은 뭘 이야기할지'밖에 생각하지 않습니다.

이것은 말하기 좋아하는 사람이나 말주변이 없는 사람이나 매한가지입니다. 이야기하기 좋아하는 사람은 '이야깃거리가 많은데 그중에 뭘 이야기하면 분위기가 달아오를까?'라고 생각하거나 말주변이 없는 사람은 '말을 시키면 어떡하지?'만을 생각합니다.

그래서 '사람들은 다른 사람의 이야기를 건성건성 듣게 되는' 것입니다. 더욱 정확하게 이야기하자면 사람들은 기본적으로 자신이 듣고 싶은 것밖에 듣지 않는다는 것입니다.

그러니까 자신의 이야기를 진지하게 들어주는 사람이 있으면 그 존재는 신처럼 거룩할 정도로 빛이 나는 것입니다.

건성건성 듣는 사람 VS 자신의 이야기에 필사적인 사람

사람들은 상대의 이야기를 듣고 있는 것 같지만 사실은 그렇지 않다.

'스스로 말주변이 좋다'고 생각하는 사람일수록 위험하다!

말수가 적은 사람의 이야기가 '재미있다'는 소리를 듣는 것은 왜일까?

상대의 이야기를 열심히 들으면 사람들이 과연 나를 신처럼 여겨줄까요? 에피소드를 하나 소개하겠습니다.

제가 지도하는 분이 어느 날 한 여성을 데리고 왔습니다. 당시 O씨는 30대 후반이었는데, "지금까지 저는 한 번도 남성하고 사귀어본 적이 없습니다. 선생님 어떻게 하면 좋을까요?"라며 상담을 요청해 왔습니다. 그분과 이야기하고 나서 남성과 사귀지 못하는 이유를 바로 알아챘습니다. 자기 주장이 너무 강했고 '말이 너무 많은 사람'이었기 때문입니다.

저는 평소 대화법을 지도할 때 구체적인 내용보다는 상대가 한 말을 스스로 반복하게 하는 방법을 사용합니다. 그래서 그 여성에게도 "남성과 사귀지 못하는 이유가 뭐라고 생각하세요?"라는 질문을 했고 그녀는 "저는 말이 너무 많고 자기 주장이 강한 것 같아요"라는 대답을 얻을 수 있었습니다.

그래서 그분께 2개월 후의 강의 때까지 "말을 너무 많이 하지 않도록 의식하면서 지내보세요"라는 조언을 해주었습니다. 더해서 구체적인 목표를 스스로 정하게 했습니다. 그녀는 "지금까지 9:1의 비율로 제가 이야기하는 경우가 많았는데 그것을 1:9로 바꾸겠습니다. 대화의 90%는 상대의 이야기를 듣도록 하겠습니다"라고 선언하고 돌아갔습니다.

그로부터 2개월이 지나고 그분은 두 명의 남성에게 프러포즈를 받았다고 했습니다. 놀랍게도 두 명입니다. 게다가 일단 '사귀자'가 아니라 '결혼 제안을 받았다'는 것입니다.

놀랍지 않습니까? 조언을 해준 저도 깜짝 놀랐습니다. 그러나 그녀의 이야기를 들어보니까 역시 특별한 그 무언가를 한 것이 아니라 자신이 이야기하는 비율을 줄인 것밖에 없었습니다.

9:1의 비율로 이야기하던 것을 의식적으로 그 비율을 1:9로 바꾼 것뿐이었다는 것입니다. 결국 그녀는 대화의 무대 위에서 내려와 상대에게 스포트라이트를 비추었을 뿐입니다. 그것만으로도 30년 이상 누구하고도 사귀어본 적이 없던 그녀가 불과 두 달 만에 두 명의 남성으로부터 프러포즈를 받은 것입니다.

'상대의 이야기를 듣는다'는 것이 얼마나 중요한지를 이때 절실히 느꼈습니다. 다만 솔직히 이야기하자면 그녀가 이야기한 비율은 정확히 1:9는 아니었을 것이라고 생각합니다. 아무리 의식하면서 이야기한다고 하더라도 역시 5:5 정도나 아니면 4:6 정도의 비율이었을 것입니다. 하지만 그럼에도 불구하고 인생이 변했다는 것입니다.

또 한 명의 사례를 소개하겠습니다. 이분은 40대 여성으로 자영업을 하던 분이었습니다. 그녀는 저의 대화법 세미나를 수강하고 수개월이 지나 고민 끝에 아이를 데리고 이혼을 하기로 했다는 연락을 해왔습니다.

"선생님 덕분에 어렵사리 이혼을 할 수 있었습니다."

"네? 이혼이요?"

처음에는 깜짝 놀랐습니다. 하지만 찬찬히 들어보니까 '지금까지 남편하고 이혼하고 싶었지만 이혼한 후의 생활이나 아이 양육비 등을 생각하면 그렇게 간단히 행동으로 옮기기가 쉽지 않았다'라는 것이었습니다.

그러나 '득을 보는 대화법'을 시도해보니까 그것만으로 잇달아 여러 남성들이 호감을 갖고 사귀자더라는 것이었습니다. 요즘에는 그런 남성들이 늘었을 뿐만 아니라 거래처에서도 '당신은 신뢰할 수 있는 사람'이라면서 점점 주문을 늘렸다고 했습니다.

'이 정도라면 이혼하고 다시 재혼해도 재혼 상대가 곤란해할 것도 없을 것 같고 무엇보다도 일 걱정을 하지 않아도 될 것 같다'고 생각한 그녀는 웃는 얼굴로 남편에게 이혼 신청서를 내밀었다고 했습니다.

그녀도 앞의 O씨와 마찬가지로 '이야기가 너무 많은' 타입의 사람이었습니다. 그녀는 모임의 분위기를 띄우거나 사람들을 웃게 만드는 데 자신이 있었기 때문에 자신도 모르는 사이에 모임의 주역이 되어 이야기를 하는 상대와 함께 무대 위에 올라가게 된다고 했습니다. 그러나 그러던 그녀가 무대 위에서 내려와 이야기 상대에게 스포트라이트를 비추게 되자 'ㅇㅇ씨는 이야기를 정말로 재미있게 하네요'라는 말을 자주 듣게 되었다고 했습니다.

요컨대 자기 주장을 하지 않게 된 것뿐인데 거래처로부터 'ㅇㅇ씨라면 안심하고 일을 맡길 수 있다'는 말을 듣는(= 득을 보는) 횟수가 늘어난 것입니다.

당신은 스스로 무대 위에 서는 타입인가? 아니면 관객석에서 스포트라이트를 비추는 타입인가?

결국 대화의 무대 위에서 내려와 조명을 비추는 사람이 가장

득을 본다

앞에서 99%의 사람들은 다른 사람의 이야기를 듣지 않고 자기가 할 이야기만을 생각한다고 했습니다. 모두가 무대 위로 올라가고 싶어 한다는 이야기입니다. 한번 생각해 보십시오. 자신의 이야기를 하려고 하는 사람들 모두가 무대 위로 올라가고 만다면 연기를 보는 사람은 과연 누구일까요?

누가 무대 위에 서 있는 사람에게 조명을 비추는 것일까요? 모두가 이야기하고 싶어 하고 또는 이야기하려고만 하는 상황에서 누군가는 관객이 되고 누군가는 스포트라이트를 비추어야 할 필요가 있습니다.

그 역할을 당신이 자진해서 떠맡으면, 즉 당신이 관객석에서 무대를 향해 스포트라이트를 비추는 역할을 해준다면 어떻게 될까요? 그러면 무대 위의 연기자들은 모두 관객석에 있는 당신을 향해 필사적으로 연

기를 하기 시작합니다. 결국 많은 사람들이 무대 위에 오르고 싶어 하면 할수록 스스로 무대 위에서 내려와 연기자에게 스포트라이트를 비추는 조명 담당자가 더 두드러져 보이는 것입니다.

실제 제 경험에 따르면 무대 위에 서고 싶어 하는 사람 쪽이 훨씬 많습니다. 어림잡아 90%의 사람들은 무대 위에 서고 싶어 합니다. 당신이 90% 쪽의 사람들과 반대로 10% 쪽의 사람이 된다면 어떻게 될까요?

사람들은 자신에게 스포트라이트를 비춰주는 사람에게 중요하고 진심 어린 이야기를 합니다. 사람들은 자신에게 스포트라이트를 비춰주는 사람을 좋아하게 됩니다. 그리고 그 사람에게 보답하고 싶어 하는 마음을 갖게 됩니다.

이것을 심리학에서는 '상호성의 원리'라고 합니다. 즉, 당신이 상대를 치켜세워 빛나게 하면 할수록 상대도 당신을 높이 평가해주는 것입니다. 자신은 아무것도 한 것이 없는데 웬일인지 득을 보게 되는 것입니다.

이것이 바로 '100% 득을 보는 대화법'의 진수라고 할 수 있습니다.

2장

대화법 때문에 득을 보는 사람과 손해를 보는 사람

'일은 잘하는데' 대화법 때문에 실패하는 사람은 이런 사람

사람의 마음을 잘 움직이는 사람은 상대에게 '과도한 기대'를 하지 않는다

그러면 어떤 대화법을 사용하는 사람이 득을 보고 어떤 대화법을 사용하는 사람이 손해를 보는 것일까요? 말주변이 없는 사람들 대부분은 '자신은 대화법 때문에 손해를 보고 있다'고 생각합니다. 그 때문에 이 책에서 소개하는 노하우를 우직하게 실천한다면 문제없이 잘 풀릴 것입니다.

대화에서 위험한 쪽은 오히려 '나는 달변이야', '나는 사람들에게 지시를 내리는 데 자신이 있어', '나는 일 처리가 뛰어나'라고 생각하는, 이른바 자의식이 강한 사람들입니다. 이런 사람들은 의외로 큰 덫에 걸려 있습니다. 얼른 봐서는 대화에서 득을 보고 있는 것처럼 보일지라도, 조금 찬찬히 길게 보면 사실은 손해를 보고 있는 것입니다.

N씨의 예를 들어 보겠습니다. 그는 대단히 에너지가 넘치는 슈퍼 셀

러리맨이었습니다. 자신이 매우 우수했기 때문에 능력이 없는 사람에게는 매우 심한 질책을 하는 모양이었습니다. 부하들을 상대할 때마다 언제나 '어째서 이런 것도 하나 처리 못 하나?', '이 정도밖에 못할 거라면 차라리 내가 하는게 낫겠어'라며 꾸짖기 일쑤였다고 합니다. 시원찮은 부하에게는 일을 못 맡기고 자신이 밤새워 그 부하의 일까지 직접 처리했다고 합니다. 그래서 그를 존경하고 따르는 부하들이 별로 없었던 것 같습니다. 젊었을 때는 높은 평가를 받았지만, 관리직으로 승진한 후에는 후배들을 잘 키우지 못한다는 평이 돌면서 점점 회사에서 고립되어 결국에는 그만둬야 하는 지경에까지 이르게 되었다고 합니다.

또 비슷한 시기에 아내와 이혼까지 한 N씨는 나와 만났을 때는 이미 몸과 마음이 모두 지쳐 있었습니다. 그런 그에게 이야기했습니다.

"인간은 너무 과도한 기대를 하면서 상대를 통제하려는 사람으로부터 도망치려고 하는 법입니다."

N씨는 스스로 짚이는 바가 있는지 대단히 복잡한 표정으로 내 이야기를 듣고 있었습니다. 그리고 크게 반성을 했다고 합니다. 그 후 N씨는 '자신에 대한 과도한 확신과 상대에 대한 과도한 기대를 버리고 주도권을 상대에게 넘겨주었다'고 했습니다.

그러다가 언젠가부터 그는 상상도 하지 못했던 성과를 올리기 시작했습니다. 그는 소매업 회사를 잇따라 차려 지금은 13개의 회사를 경영하는 경영자로서 대성공을 거두었습니다. 그뿐 아니라 개인적으로는 대단하고 멋진 여성을 만나 재혼해서 아이까지 두게 되었습니다.

N씨처럼 '무대 한가운데 서서 줄곧 자기 이야기만 하는 사람'일수록 '득을 보는 대화법'을 터득하면 인생이 바뀝니다.

스스로 무대 위에 서려고 하지 말고 '많은 시간을 부하의 이야기를 듣는 것에 쓰도록 한다'면, 이것만으로 부하는 '이 사람은 나를 소중하게 생각한다', '이 사람이라면 뭐든지 이야기할 수 있다', '이 사람 때문이라도 열심히 일하자'라고 스스로 생각하고 더욱더 열심히 일을 해나가는 것입니다.

득을 보는 사람의 대화법

과도한 자기 확신과 상대에 대한 과도한 기대를 버리고 상대에게 주도권을 넘긴 후 이야기한다.

자기 중심적인 사고는 고립으로 가는 편도 차표

상대방의 이야기를 듣는 데 시간을 사용하자.

좋은 점은 칭찬하고 싫거나 불쾌한 점은 그냥 무시한다

자신을 남들과 비교하면서 열등감에 쉽게 빠지는 사람은 절대
자신에게 스포트라이트를 돌려서는 안 된다

"사람들과 만나는 것이 싫고 늘 스트레스였어요."

40대 여성 F씨는 '돈도 없고 인맥도 없어 항상 당장 눈앞의 일만 생각하게 되고 늘 불안합니다. 그래서 주위 사람들에게도 자주 짜증을 냈고요. 뭔가 도움이 되어드리고 싶다고 하는 사람들이 위선자처럼 보여 대하기 힘들어요'라며 조언을 구했습니다.

그녀처럼 사람들과 만남이나 대화가 서투른 사람들이 적지 않습니다. 이런 타입의 사람들은 아무래도 자신을 타인과 비교하며 불안해하는 경우가 많습니다. 실제로 제게 지도받는 M씨도 비슷한 타입이었습니다.

'사람들과 이야기할 때 저 사람 대단하네. 거기에 비하면 나는…' 이렇게 바로 기가 죽어버리는 좋지 않은 버릇이 있었습니다. 그녀도 학력, 능력, 직업, 돈 등등 뿌리 깊게 자리 잡은 열등감이 있었다고 합니다.

이런 때야말로 '득을 보는 대화법'이 활약할 순간 입니다. 남들과 자신을 비교해버리면 자신이 다른 사람들과 같은 무대 위에 서게 되고 말기 때문입니다.

무대 위에서 내려와 스포트라이트를 비추는 역할에 충실하면 다른 사람과 나를 비교하는 좋지 않은 버릇이 없어집니다. 저는 F씨와 M씨에게 이렇게 조언했습니다.

"대단한 사람이 따로 있는 것이 아닙니다. 누군가와 자신을 비교하는 바로 그 순간 승부가 정해지는 것입니다."

무릇 '개성'에는 좋고 나쁨이 없습니다. 단지 성격이 다를 뿐 개성의 총합은 100점으로 모든 사람이 똑같습니다. 이 점을 인식한 후 F씨와 M씨에게 상대에게 스포트라이트를 비추는 습관을 들이도록 했습니다.

상대에게 스포트라이트를 비추면서 좋은 점은 칭찬하고 싫은 점은 그냥 무시하고 넘어가라. 그리고 '다른 사람과 비교하며 나는…' 하면서 자신에게 스포트라이트를 절대로 돌리지 말라고 충고했습니다.

이런 훈련을 통해 둘 모두 '상대와 비교하면서 나는 저 사람만 못하다'라는 열등감이 사라지게 됐습니다.

F씨는 파견사원에서 벗어나 독립할 수 있게 되었고 지금은 반려견과 같이 살면서 안정된 수입을 올리고 있다고 하니 놀라울 따름입니다. M씨도 스스로 멋진 사람이라고 생각하게 되었고 아무리 대단한 사람 앞이라도 평소처럼 이야기할 수 있게 되었다고 했습니다.

'득을 보는 대화법'은 다른 사람과 자신이 비교될 수밖에 없는 무대 위에서 내려옴으로써 가능해집니다. 그 결과 누구에게나 호감을 사게 되고 자기 자신의 마음도 안정됩니다.

 **득을 보는 사람의 대화법**

스포트라이트는 항상 대화 상대에게만 비춘다.
결코 자신에게 돌려서는 안 된다.

'가르쳐야 한다'는 생각을 버린다

'가르치기'보다 '모르는 점이 무엇인지' 묻는다

50대 남성이며, 수학 교사인 K씨는 예전에는 학생들에게 '제대로 가르쳐야 한다', '확실히 이해시켜야 한다'는 생각으로 수업을 진행했다고 합니다. 공식을 이해하고 그리고 점수를 따기만 하면 목표 달성이라고 생각했다는 것입니다.

당시 그는 학생들이 모르는 문제를 가지고 오면 '여기에 주목해서⋯. 이렇게 식을 만들어서⋯. 이렇게 계산해서⋯'라는 식으로 문제를 직접 처음부터 끝까지 풀면서 가르쳐 주었다고 합니다.

그러나 이런 방법은 학생이 그 순간은 이해한 듯 보이지만, 모르는 새로운 문제가 나오면 바로 '아무리 해도 역시 잘 모르겠습니다'라며 다시 찾아오게 만듭니다. 몇 번이나 지도에 실패하는 사이에 의욕이 없어지고 결국은 '포기해버린' 학생들이 많았다고 합니다.

그래서 K씨에게 '자신이 직접 처음부터 끝까지 가르치려고 하지 말고 학생 스스로 생각할 수 있도록 지도해보세요'라고 충고했습니다. 그 후

그는 '가르치지' 않고 학생들에게 '어디를 잘 모르겠어?'라는 질문을 던지기 시작했습니다. 학생 스스로 '이해하는 부분'과 '이해 못 하는 부분'의 경계를 확실히 하도록 한 것입니다. 그러자 그 후부터는 맞장구나 약간의 힌트를 주는 정도만으로도 학생들이 스스로 문제를 풀 수 있게 되었다고 합니다.

"수학'을' 가르치는 것"이 아니라 "수학'으로' 무엇을 전하고 싶은가"라고 하는 관점을 갖는 것이 중요하다는 것과, 선생님이 일방적으로 가르치는 것이 아니라 스스로 생각한 것이 그 학생의 실력이 된다는 것을 알게 되었다고 K씨는 이야기했습니다. 이전보다 더, 수학 교사라는 직업에 보람을 갖고 몰두하게 됐다고 하니 지도한 저로서도 정말 기쁜 소식입니다.

득을 보는 사람의 대화법

가르치는 것이 아니라 스스로 생각하도록 이끈다.

자기 긍정감이 낮은 사람은 상대의 이야기에 '진지하게' 맞장구치는 것부터 시작한다

상대의 긍정감을 채워주면 자신의 긍정감도 높아진다

자기 긍정감이 낮아서 대화에 문제가 생긴 사람은 30대 여성 H씨입니다. 그녀는 기분을 솔직히 표현하는 것이 서툴러 대화할 때 늘 상대에게 이것저것 너무 많이 요구했다고 합니다.

특히 스트레스의 주된 원인은 남편이었습니다. 아이 셋을 키우면서 온갖 집안일까지 다 했습니다. 자기 혼자 모든 집안일을 도맡아 하고 있다는 것을 남편이 인정해 주었으면 했는데, 고맙다는 말 한마디 없는 남편에게 항상 짜증이 났다고 합니다. 그리고 그 밑바탕에는 낮은 자기 긍정감이 깔려 있다고 했습니다.

자기 스스로 자신감이 없기 때문에 승인 욕구가 폭발해버리고 자신이 생각하고 있는 대답을 해주지 않으면 안절부절 못하고 결국 그런 짜증스러운 마음이 바로 태도로 나타나 버렸습니다. 그 결과 상대를 불쾌하게 만들어버리고 그래서 결국 커뮤니케이션이 잘되지 않는 악순환에 빠져버리고 말았다고 했습니다.

"자신의 불만을 들어주기를 바란다면 그보다 먼저 남편의 불만을 들어주도록 해보세요."

저는 이렇게 조언했습니다. 예전에는 남편이 '오늘도 늦게까지 일하느라 피곤하다'고 하면 '내가 훨씬 더 피곤해. 좀 빨리 집에 들어올 수 없어?'라고 지지 않고 응수했던 것을, 앞으로는 '그래 피곤하지?', '일이 힘들었지?'라고 맞장구쳐 보라고 했습니다.

그러다가 남편에게서 "당신도 고생했어. 설거지는 내가 할게"라는 말을 드디어 듣게 되었다고 합니다. 남편의 자기 긍정감이 채워지고 그에 따라 H씨도 남편을 여유 있는 마음으로 상대할 수 있게 되었다고 합니다.

그 후에도 두 사람 사이의 대화가 계속되고 예전에 한번은 이혼 서류까지 들이밀던 남편과 지금은 가족 여행을 갈 만큼 관계가 좋아졌다고 합니다.

'득을 보는 대화법'을 사용하면 상대방의 이야기를 잘 들을 수 있게 되기 때문에 상대의 자기 긍정감이 높아지고 상대도 당신에게 뭔가를 해주고 싶다는 생각을 하게 되고 따라서 듣는 사람의 자기 긍정감도 높아지게 됩니다.

일석이조의 대화술이 바로 '득을 보는 대화법'입니다.

득을 보는 사람의 대화법

자신의 자기 긍정감이 높아지면
상대에게 뭔가를 해주고 싶다는 기분이 생긴다.

자기 의견을 관철시키고 싶을 때는 먼저 상대가 '무엇을 진정으로 원하고 있는지'를 찾아낸다

원하는 바를 이룰 수 있다는 생각이 들면 상대방은 어떤 요청에도 'YES'로 응한다

40대 T씨는 창업하고 그런대로 일은 있었습니다. 하지만 스스로 받아야 할 대금을 결정하지 못하고 항상 상대가 제시하는 금액을 그대로 받았습니다. 이처럼 자신의 주장을 명확하게 전달하지 못해 손해를 보는 사람들이 적지 않습니다. 엄마들 모임이나 사적인 관계에서도 항상 골치 아프고 귀찮은 일만 떠맡는 사람들입니다. 그는 지금까지 회사원이었기 때문에 대금을 어떻게 책정하면 좋을지 잘 몰랐다고 합니다.

"어떤 것이 상대의 인생에 득이 되는가를 생각해서 듣고 가격을 결정하십시오."

제 충고대로 그는 대화 방법을 바꿨고 그 후로 자신이 먼저 이야기를 꺼내지 않았는데도 '당신에게 일을 맡기고 싶은데 이번 일은 T씨가 희망하는 금액으로 부탁합니다'라는 말을 듣는 경우가 많아졌다고 합니다.

많은 사람은 '자신의 주장을 상대에게 제대로 전달하지 못하는 것이 문제'라고 생각합니다. 그러나 정말로 자신의 주장을 관철시키려고 생각한다면, 상대의 말을 듣는 쪽이 가장 좋은 방법입니다.

거기에는 이유가 있습니다. 먼저 상대의 주장을 정확하게 들으면 그 사람이 의뢰하고 싶어 하는 일 자체에 앞서 그 일을 의뢰하게 된 목적이 보이기 때문입니다.

그리고 그 목적을 달성할 수 있다는 점을 전달하고 상대가 그 목적을 이룰 수 있다는 것을 깨닫는다면 돈이 얼마가 들더라도 그 돈이 아깝다는 생각을 하지 않는 것입니다. 또한 그 금액이나 서비스 내용은 상대방 자신이 스스로 의뢰한 것이기 때문에 더욱더 원하게 됩니다.

상대의 이야기를 경청할수록 T씨와 함께 일을 하고 싶어 하는 사람이 늘었고, 그가 정한 가격으로 일을 계속 맡을 수 있게 되었다고 합니다.

득을 보는 사람의 대화법

> 상대가 진정으로 원하는 것이 무엇인지를 찾아내고
> 그 목적을 응원하도록 한다.

결국 자기 이야기를 먼저 하는 사람은 손해를 본다

영업하는 사람일수록 자기가 팔려는 상품에 관해 먼저 이야기

해서는 안 된다

보험 영업을 하고 있는 30대 여성 L씨. 그는 지금까지 고객이 원하는 바를 충분히 듣지 않고 먼저 자신이 팔고자 하는 상품에 대한 이야기만 계속했다고 합니다. 상대를 주도하려 하고 그래서 고객에게 계속 압박감을 주었던 것입니다.

이처럼 자신이 먼저 이야기해 버리는 타입의 사람은 손해를 봅니다. 왜냐하면 위에서 몇 번이나 이야기한 것처럼 사람들은 상대의 이야기에 전혀 흥미가 없기 때문입니다. 그 때문에 계속 자신의 이야기만 하는 사람을 고객이 신용할 리가 없을 뿐더러 고객과의 거리도 좁혀지지 않습니다.

그래서 L씨에게 "자신의 이야기나 상품 이야기는 상대가 물어보기 전까지 일절 하지 말고 먼저 상대방의 희망사항을 먼저 들어보세요"라고

조언했습니다.

그에 따라 대화법을 바꾼 그녀의 실적은 눈에 띄게 올랐습니다. 불과 반년 만에 오사카 지점에서 최고 실적을 기록하고, 수입이 열 배로 늘어났습니다. 그녀가 한 일은 단지 어떤 경우에도 자신은 이야기하지 않고 상대가 이야기하도록 한 것뿐이었습니다.

자신의 형편만을 생각하면서 이야기하고 있다는 것이 빤히 들여다 보이는 사람은 결국 손해를 보게 됩니다. '득을 보는 대화법'을 알고 나서부터 L씨는 수입이 늘어났을 뿐만 아니라 세상사에 대한 사고방식이나 인생을 대하는 자세가 180도 바뀌었다고 합니다. 자신뿐 아니라 지인과 가족들 모두 밝아졌다는 점도 큰 변화라고 했습니다.

'득을 보는 대화법'은 본인만이 아니라 주위 사람들까지도 달라지게 합니다.

득을 보는 사람의 대화법

자신의 이야기나 상품 이야기는 상대가 물어보기 전까지 일절 하지 말고 상대방의 인생 비전을 듣는다.

3장

먼저 상대방의 이야기에 장단을 맞추는 '추임새'를 터득한다

대하기 어려운 상대가 없어지는 '삼각건 멘탈'의 비밀

'득을 보는 대화법'을 터득하면 자기 자신이 좋아지게 된다

2장에서 소개한 것처럼 '득을 보는 대화법'은, 단지 대화를 잘하게 하거나 대화의 활기를 띄게 하는, 표면적인 것만 바뀌게 하지 않습니다. 많은 사람이 업무 실적을 올리거나 멋진 파트너를 만났습니다. 그리고 무엇보다도 가슴이 뿌듯하고 기쁜 점은 그런 사람들이 예외 없이 자기 자신을 좋아하게 되거나 자신감을 갖고 살아가게 되었습니다.

인생에서 자기 자신을 좋아하고 자신감을 갖고 살 수 있다는 것만큼 행복한 일은 없습니다. 그런 사람들은 보기에도 반짝반짝 빛나서 더더욱 여러 사람들에게 사랑을 받게 되고 일도 인간관계도 연애도 잘 풀립니다. 긍정적인 순환 과정에서 계속해서 득을 보는 일들이 일어날 뿐만이 아니라 정신적인 면에서도 안정을 찾게 됩니다.

이것이 '득을 보는 대화법'의 최종 목표입니다.

누군가와 이야기할 때 '그 사람이 죽어가는 장면'을 상상한다

지금부터 '득을 보는 대화법'을 터득하는 데 필수 불가결한 정말로 중요한 것을 이야기하겠습니다.

조금 이상할지 모르지만, 그것은 바로 '누군가와 대화할 때는 반드시 그 사람이 죽어가고 있는 장면을 상상하라'는 것입니다. 구체적으로는 (마음속으로) 눈앞에 있는 사람에게 흰옷을 입히고 이마 위에 삼각건(三角巾)을 얹어서 (마음속으로) 이를테면 죽은 시신의 모습을 만드십시오. 그때 되도록이면 생생하게 현실의 일처럼 상상하는 것이 중요합니다.

이 준비는 '득을 보는 대화법'을 터득하는 데 무엇보다도 중요합니다. 왜 이런 의식이 중요할까요?

상대방의 이야기를 듣는 쪽인 당신이 '대화의 무대 위에서 내려올 수 있는' 정신상태가 되기 때문입니다. '아, 이 사람은 곧 죽을 거면서 나 같은 사람에게 시간을 내주고…. 정말 고맙네'라고 생각하면서 들으면 그 사람에게 무슨 이야기를 듣게 돼도 그 사람의 이야기가 소중하게 느껴집니다.

게다가 이 멘탈은 대하기 어려운 상대와 이야기하지 않으면 안 될 때 보다 더 효과적입니다. 대하기 싫은 상대의 머리에 삼각건을 씌우고 빈사 상태인 사람과 마주하는 느낌으로 대해보십시오. 그러면 거의 모든 것이 용서될 것이고 아무리 싫은 사람이라도 살짝 가엾다는 생각이 들 것입니다.

지금부터는 '삼각건 멘탈'이 갖추어진 상태에서의 구체적인 테크닉에 대해서 살펴보겠습니다.

득을 보는 사람의 대화법

대화의 무대 위에서 잘 내려오기 위해서
'삼각건 멘탈'을 사용한다.

대화를 잘하는 사람은 예외 없이 상대방의 이야기 중간중간에 '추임새'를 잘 넣는다

이야기 중간에 '추임새'를 잘 넣는 것만으로도 대화는 더욱더 잘 풀린다

대화할 때 빼놓을 수 없는 것이 있다면 그것은 무엇일까요? 응답, 고 갯짓, 시선, 표정, 말의 속도… 여러 가지가 있습니다. 이것들을 총칭하 여 이 책에서는 '추임새'라고 하겠습니다.

느닷없지만 여기서 '추임새'가 없는 대화를 상상해 보시겠습니까? 아 무리 말을 걸어도 상대로부터 응답도 없을 뿐만 아니라 또 표정도 변하 지 않고 시선도 움직이지 않고 반응도 전혀 없다면 어떨까요?

이렇게 이야기하기 곤란한 경우도 없겠지요? 실제로 커뮤니케이션에 서는 '추임새에 능한 사람이 대화를 지배한다'고 해도 과언이 아닐 정도 로 중요합니다. 그래서 추임새에 숙달되기만 해도 '득을 보는 대화법'의 반은 터득했다고 말할 수 있을 것입니다.

상대가 기분 좋게 이야기할 수 있도록 분위기를 조성하는 것이 바로

'추임새'고, 자신은 되도록 말을 아끼고 오로지 상대에게 스포트라이트를 비추는 것이 '득을 보는 대화법'의 핵심이기 때문에 대화에서의 추임새의 중요성은 정말 큽니다.

초심자도 손쉽고 간편하게 사용할 수 있는 '추임새'의 기본을 소개하겠습니다.

맞장구를 잘 치게 만드는 '아 · 야 · 오 · 와 · 햐 감탄사의 법칙'

'추임새'의 기본 중의 기본이 바로 '맞장구를 치는' 것입니다. 놀라움이나 공감을 나타내는 말을 해가면서 맞장구를 치면 상대가 말을 이어나가기가 훨씬 수월해지고 대화가 흥겨워집니다. 이 테크닉은 정말 간단한데 '아, 야, 오, 와, 햐'라는 감탄사를 사용해서 맞장구를 치기만 하면 됩니다.

"최근에 이사를 했어요."
"아, 그러셨어요?"
"역에서 조금 멀기는 해도 주변의 자연이 너무 좋아요."
"오, 그렇군요."
"아이들도 너무 좋아해요."
"야, 다행이네요."

이때 포인트는 몸을 앞쪽으로 기울이면서 약간 상대에게 달라붙는 느낌으로 '아, 오, 야' 등의 감탄사를 사용하는 것입니다. 그리고 마음속으로는 '다음은 어떤 이야기를 해줄 거예요?'라는 감정을 계속 유지하는 것입니다.

"최근에 이사를 했어요."

"아!" (다음은 어떤 이야기를 할 거예요?)

"역에서 조금 멀기는 해도 주변의 자연이 너무 좋아요."

"오!" (다음은 어떤 이야기를 할 거예요?)

"아이들도 구김살 없이 잘 크고 있고요."

"야!" (다음은 어떤 이야기를 할 거예요?)

'오'의 다른 버전으로서 '와'도 있습니다. 이것 역시 몸을 앞쪽으로 기울이면서 약간 상대에게 달라붙는 느낌으로 하는 게 요령입니다. '네'도 있지만 약간 냉정해 보일 수 있기 때문에 초심자는 '오' 혹은 '와'부터 시작하는 것이 좋습니다. '햐'도 쓰기 편한 사람은 한번 사용해 보십시오. '햐'는 그렇게 자주 사용하지는 않지만 엄청 재미있는 이야기를 들었을 때 '히야!'라고 해도 좋습니다.

이 정도라면 대화를 잘 못하는 사람이라도 무리 없이 실천할 수 있지 않겠습니까? 그러나 문제는 맞장구를 치는 것만으로는 대화가 성에 차지 않아서 상대의 이야기를 가로채버리고 싶어질 때입니다.

"최근 이사를 했어요."

"아!" (아! 집 이야기구나?)

"역에서 조금 멀기는 해도 주변의 자연이 너무 좋아요."

"오!" (내가 사는 곳도 자연이 정말 좋은데….)

"아이들도 구김살 없이 잘 크고 있고요."

"네, 그렇군요. 우리집 주변도 자연이 너무 좋아요. 얼마 전에는 애들하고 같이 낚시하러 갔었는데…." (결국 상대의 이야기를 가로채버렸다.)

이것이 바로 많은 사람들이 저지르기 쉬운 대화 가로채기입니다. 대부분 사람은 상대의 이야기를 들으면서 상대의 이야기가 끝나면 다음에 나는 무슨 이야기를 할까 생각하게 됩니다. 더구나 인간은 생각하고 있던 것을 말하지 않고는 참지 못하는 동물입니다.

그 결과 스포트라이트를 손에서 놓아버리고 자신도 무대 위로 올라가버리는 것입니다. 물론 친구나 지인 그리고 동료 등 허물없는 사이에서의 대화는 이런 테크닉을 사용할 필요는 없습니다.

그러나 어떤 목적을 달성하고 싶다면 혹은 인생의 꿈을 이루고 싶다면 꾹 참고 상대방의 이야기에 진심으로 맞장구를 치는 것에만 집중해보기를 바랍니다. 듣는 사람이 놀라하면 놀라할수록 상대가 신이 나서 이야기하게 된다는 것을 느낄 것입니다. 그리고 이런 느낌을 한 번이라도 경험한다면 '대화만으로 인생이 180도 바뀐다'는 말이 거짓말이 아니라는 것을 실감할 수 있으리라고 생각합니다.

최근에는 전화나 온라인 대화가 늘고 있습니다. 온라인에서는 서로에 대한 정보량이 적은 경우가 많으므로 과장되고 요란스럽게 맞장구치는 것이 요령입니다.

득을 보는 사람의 대화법

'다음에 나는 무슨 이야기를 할까?'를 생각하지 말고
'아 · 야 · 오 · 와 · 햐 감탄사의 법칙'으로 진지하게 맞장구친다.

'추임새'의 필살기 '아, 야, 오, 와, 햐'

놀라하면 놀라할수록 상대가 더 신이 나서 이야기하게 된다.

상대의 이야기 속도에 맞추어서 맞장구 속도도 조절한다

쉬지 않고 이야기하는 사람에게는 빠른 템포로, 천천히 이야기

하는 사람에게는 간격을 두면서 맞장구친다

지금까지 소개한 것처럼 많은 사람은 '남의 말을 건성으로 듣기 때문에' 진지하게 맞장구치는 것만으로도 벌써 당신은 대화로 득을 보는 상위 10%에 들어가 있습니다. 지금부터는 '맞장구'를 더욱 효과적으로 칠수 있는 테크닉을 소개해 보겠습니다.

그중 하나가 '페이싱(pacing)'입니다.

이 기술도 정말 간단한 것이지만 '아ㆍ야ㆍ오ㆍ와ㆍ햐 감탄사의 법칙'과 같이 사용하면 효과가 더욱 커지고 단시간에 상대의 마음을 확 끌어 잡을 수 있다는 점이 장점입니다.

'페이싱'은 말 그대로 나의 이야기 페이스(속도)를 상대의 이야기 페이스에 맞추는 것입니다. 천천히 이야기하는 사람에게는 느린 페이스로, 말이 빠른 사람에게는 빠른 페이스로 추임새를 넣습니다.

여기서 페이스를 맞춘다는 의미는 단순히 말하는 속도뿐 아니라 맞장구의 속도도 포함합니다. 말이 빠른 사람에게는 '맞아요. 맞아요. 그거!'라는 느낌으로 맞장구도 빠른 템포로 넣습니다. 그러면 상대도 리듬을 타게 되면서 기분 좋게 이야기하게 됩니다. 반대로 느린 페이스로 이야기하는 사람에게는 맞장구도 천천히 명확하게 넣습니다. '당신 이야기 꼼꼼하게 듣고 있어요'라는 기분으로 정중하게 천천히 고개를 끄덕이면 상대는 당신에게 흉금을 털어놓고 술술 이야기를 풀어놓게 될 것입니다.

능숙하게 맞장구를 치는 방법은 음악을 상상하면 이해하기 쉬울지도 모르겠습니다. 록 음악처럼 쉬지 않고 이야기하는 사람에게는 '응, 응, 응, 응, 그래서?'라는 식으로 계속 이어서 빠른 템포로 맞장구를 칩니다. 발라드처럼 천천히 이야기하는 사람에게는 상대가 잠깐 숨을 돌릴 때 '그렇군요…'라고 차분히 잠깐 사이를 둔다는 느낌으로 맞장구를 칩니다.

그러나 사람들이 이야기하는 속도가 늘 일정하지 않습니다. 처음에는 느린 속도로 이야기하던 여성이 갑자기 목소리가 높아지고 템포가 빨라지는 경우도 있습니다. 이야기하는 도중에 속도가 바뀌었다는 것은 상대가 그 이야기에 흥미나 관심을 갖고 있다는 증거입니다. 그럴 때는 듣는 사람도 상대방의 이야기에 템포를 맞추어서 맞장구나 추임새의 속도를 바꾸는 것이 좋습니다.

'페이싱'은 심리학적으로도 유명한 방법이라 이미 알고 있는 사람도 많을 것입니다. 하지만 '득을 보는 대화법만의 페이싱 기법'이 있는데, 그것은 '진심으로' 상대의 이야기를 들으면서 페이싱 하는 것입니다. 아무리 능숙하게 '페이싱' 하더라도 상대의 이야기를 건성으로 듣고 있다면 상대는 틀림없이 그것을 알아차리게 됩니다. 다시 말해서 테크닉만을 터득해서는 아무런 의미가 없습니다.

혹시 '아 · 야 · 오 · 와 · 햐 감탄사의 법칙'이나, '페이싱'을 사용해도 별로 효과가 없다면 그것은 상대방에게 문제가 있는 것이 아니라 듣는 사람에게 문제가 있다고 할 수 있습니다. 그럴 때는 반드시 기본으로 돌아가기를 바랍니다. 대화의 무대 위에서 내려와 '삼각건 멘탈'로 상대의 이야기를 진지하게 듣는 것입니다.

'이 사람은 결국 죽어가면서도 나를 위해 시간을 내주다니 정말 고맙다. 이야기해 주어서 고맙다. 이번에는 무슨 이야기를 해주려나?'

이런 마음가짐으로 '아 · 야 · 오 · 와 · 햐 감탄사의 법칙'이나, '페이싱'을 사용해 보면 놀라울 정도로 대화가 잘 풀릴 것입니다.

득을 보는 사람의 대화법

'페이싱'에서 중요한 점은 역시 '삼각건 멘탈'

더욱 효과적으로 맞장구칠 수 있는 '페이싱'

말이 빠른 사람 = 빠른 템포로 맞장구친다.

말이 느린 사람 = 주의를 기울여 신중하게 고개를 끄덕인다.

이야기를 들을 때는 '삼각건 멘탈'도 잊지 말자.

상대의 말을 그대로 반복하기만 해도
상대는 점점 쾌감을 느낀다

대화에서 많은 사람들이 빠져 실패하고 마는 함정은?

'앵무새 따라 하기 법칙'은 앵무새가 인간의 말을 그대로 따라 하듯이 듣는 사람이 상대방이 한 말을 그대로 따라 하는 것입니다.

이 기술도 굉장히 유명해서 '그 정도는 저도 알고 있어요'라는 사람이 있을지도 모르겠습니다. 하지만 방법은 알더라도 많은 사람이 빠져 실패하고 마는 함정이 있습니다. 그것은 상대의 말을 따라 한 후에 거기다 '자신의 의견이나 생각을 덧붙여버리고 만다'는 것입니다.

(나쁜 사례)

거래처: 요즘 젊은 사원들은 회식에 전혀 참석하지 않는다니까.

듣는 사람: 참석하지 않나요?

거래처: 잘해주려고 조언을 해도 '감사합니다'라는 인사 한마디조차 안 하고. 이야기도 전혀 귀담아듣지 않고.

듣는 사람: '이야기를 귀담아듣지 않나요? 그거 참 무례하네요. (자신의 의견)

거래처: 그렇지. 정말 무례하다니까.

듣는 사람: 저도 그렇게 생각합니다. 요즘 젊은이들은 영 돼먹지 않았어요.

어떻습니까? 처음에는 '젊은 직원들이 회식 자리에 참석하지 않는다' 라는 거래처의 불만이 마지막에는 '저도 그렇게 생각합니다. 요즘 젊은 이들은 영 돼먹지 않았어요'라는 식의 듣는 사람의 의견으로 바뀌어 버렸습니다. 즉, 듣는 사람이 어느 사이에 대화를 가로채버린 것입니다.

애써서 상대의 말을 그대로 따라 해도 그다음에 자신의 의견이나 생각을 덧붙여버리면 모든 것이 헛것이 되어버립니다. 따라서 '앵무새 따라 하기 법칙'을 사용할 때는 절대로 자신의 의견이나 생각을 덧붙여서는 안 됩니다. 그저 '저는 당신의 이야기를 잘 이해했습니다' 정도의 태도만 확실하게 보여주는 것입니다.

그럼 어떻게 하면 좋았을까요?

(좋은 사례)

거래처: 요즘 젊은 사원들은 회식에 전혀 참석하지 않는다니까.

담당자: 회식에 참석하지 않나요?

거래처: '잘해주려고 조언을 해도 '감사합니다'라는 인사 한마디조차 안 하고. 이야기도 전혀 귀담아듣지 않고.

담당자: 이야기를 귀담아듣지 않나요?

거래처: 정말이지 우리 때하고는 많이 다른 것 같아.

담당자: 전혀 다르네요.

이해하셨습니까? 듣는 사람은 '젊은 직원들이 회식에 참석하지 않는다', '우리 때하고는 다르다'라는 거래처의 이야기를 그대로 따라 하고 있을 뿐 자신의 의견이나 생각을 전혀 덧붙이지 않고 있습니다.

이처럼 상대의 이야기를 그대로 따라 하는 것이 '앵무새 따라 하기'의 본질이며, 이로써 상대방이 정말로 하고 싶어 하는 이야기를 들을 수 있습니다. '앵무새 따라 하기 법칙'을 사용할 때는 절대로 자신의 의견이나 생각을 더하지 않는다는 것, 이것을 명심하기를 바랍니다.

'앵무새 따라 하기 법칙'은 심리학적으로 상대가 여성일 경우 더 효과적이라고 하는 의견이 있습니다. 제 경험상 남녀노소 누구에게나 잘 통하는 법칙입니다.

젊은 남성들의 대화를 보시죠.

화자: 오늘 시부야에 갔는데 말이야.

청자: 시부야에 갔군요. (앵무새 따라 하기)

화자: 공사 중인 곳이 많아서 좀 헤맸어.

청자: 그랬군요. 좀 헤맸겠네요. (앵무새 따라 하기)

화자: 공사는 언제까지 하려나?

청자: 글쎄요. 언제까지 할까요? (앵무새 따라 하기)

화자: 빨리 끝났으면 좋겠는데.

청자: 그러게요. 빨리 끝났으면 좋겠네요. (앵무새 따라 하기)

이 대화 써놓고 보니까 상당히 웃기네요. 그러나 이상하게도 이 우스꽝스러운 앵무새 따라 하기 대화가 의외로 효과적입니다. 상대의 말을 단지 따라 했을 뿐인데 상대는 점점 앞으로 몸을 기울이면서 적극적으로 이야기를 해나갑니다.

'앵무새 따라 하기 법칙'이 왜 이렇게 효과적일까요? 그것은 바로 사람들은 누구나 상대가 자신의 기분을 이해해줄 때 만족감을 느끼기 때문입니다.

야구의 캐치볼을 예로 들면 이해하기 쉬울 것입니다. 캐치볼을 할 때 자신이 던진 볼을 상대가 받지 못하고 놓칠 경우 또다시 다음에 던질 때 어쩐지 '이번에는 괜찮을까?' '잘 받아줄까?' 걱정이 들기 마련입니다. 반대로 내가 던진 볼을 받는 사람이 잘 받아주고 게다가 볼을 받을 때마다 글러브에서 '꽉' 하는 소리가 들려오면 정말 쾌감이 느껴지죠.

즉, '앵무새 따라 하기 법칙'은 볼을 '꽉' 하고 받아주는 것처럼 '아, 내 이야기가 확실하게 상대방에게 전달되고 있구나!' 하는 느낌을 상대에게 전달할 수 있는 기술입니다. 이야기하는 사람은 자신의 생각이 전달된다는 것을 느끼면 진짜 안심하고 상대에게 호의를 갖게 됩니다. '이 사람은 정말 내 말을 잘 받아주네' 느끼고 그것만으로 충분히 만족합니다.

앞의 거래처 사람도 단지 '후배에게 무시당하는 것 같은 자신의 서운한 감정을 잘 받아주었다'는 것만으로 충분합니다. 거기서 카타르시스가 생기고 기분도 좋아지는 것입니다.

득을 보는 사람의 대화법

사람들은 자신의 기분을 상대가 이해해줄 때 황홀감을 느낀다.

'아·야·오·와·하 감탄사의 법칙'과 '앵무새 따라 하기 법칙'을 적절하게 섞어 이야기가 끊어지지 않게 한다

이야기 도중에는 '앵무새 따라 하기'를 해서는 안 된다

'아·야·오·와·햐 감탄사의 법칙'을 터득하고 '앵무새 따라 하기 법칙'에 꽤 능숙해졌다고 생각하는 사람들에게, 이 두 가지 법칙을 섞어서 사용하는 기술을 권합니다.

처음에는 '아', '와', '오'로 응수하고 이야기 중간에 틈이 조금 생겼을 때 상대방의 끝말을 잡아서 '…였네요'라고 따라 하는 것입니다. 이 기술을 사용하면 이야기가 끊어지지 않고 상대는 '아! 내가 하고 싶은 말을 이해해주네. 다음 이야기로 넘어가야지' 하는 기분이 듭니다. 다음과 같은 느낌입니다.

아내: 여보 우리 애가….

남편: 어, 왜?

아내: 이번 수학 시험에서 평균보다 높은 90점을 받아 왔네.

남편: 와! (아·야·오·와·햐 감탄사의 법칙)

아내: 대단하지 않아?

남편: 대단하네! (앵무새 따라 하기)

아내: 정말 열심히 한 것 같아.

남편: 정말 열심히 했네! (앵무새 따라 하기)

그렇게 어렵지 않죠? 단 이 방법은 정말 간단하기는 하지만 하나 주의해야 할 점이 하나 있는데, 바로 상대가 이야기하고 있는 도중에 앵무새 따라 하기를 해서는 안 된다는 것입니다.

(나쁜 예)

아내: 여보 우리 애가….

남편: 응.

아내: 이번 수학시험에서….

남편: 이번 수학시험에서… 점수가 안 좋아?' (이야기 도중에 앵무새 따라 하기)

아내: 그게 아니라 평균보다 높은….

남편: 평균보다 높다는 것은 잘했다는 건가?

아내: 그러니까 마지막까지 이야기를 좀 들어봐!

이 경우 일단 처음에는 앵무새 따라 하기를 시도했지만 도중에 자신의 의견이나 생각을 덧붙이고 있습니다. 무엇보다도 아내의 이야기를 마지막까지 듣고 있지 않습니다. 한국어나 일본어는 마지막에 결론을 말하기 때문에 도중에 이야기를 막아버리면 의미를 알 수 없게 됩니다,

그래서 '앵무새 따라 하기 법칙'을 사용하는 경우에는 반드시 상대의 이야기를 마지막까지 듣고 그 말을 그대로 되풀이해야 한다는 점을 잊

어서는 안 됩니다.

득을 보는 사람의 대화법

상대의 이야기를 도중에 가로막지 않고 마지막까지 듣는다.

사람들의 고민을 '해결해주려고 하지 않아도 된다. 충고해주지 않아도 된다'

고민을 상담하러 온 사람에게는 '앵무새 따라 하기 법칙'을 사용해 스스로 결론을 도출하게 한다

'아 · 야 · 오 · 와 · 햐 감탄사의 법칙'이나 '앵무새 따라 하기 법칙'을 지도할 때 "상담하러 온 상대에게 해결책을 제시하거나 조언을 해주지 않아도 괜찮나요?"라는 질문을 자주 받게 됩니다.

상대가 느끼고 있는 문제를 "해결해주려고 하지 않아도 됩니다. 조언을 해주지 않아도 됩니다."

'뭐라고요? 상대가 조언을 부탁하는데 조언해주지 않으면 실례 아닌가요?'라고 생각하는 사람들도 있을 겁니다. 오히려 그 반대라고 생각합니다. 사람들의 고민을 '해결해주려고 하지 않아도 된다. 조언을 해주지 않아도 된다'고 생각합니다.

왜일까요? 조금 전문적인 이야기가 될 수도 있겠지만, 인간은 자신 스스로 깨달은 것만을 자발적으로 행동으로 옮기는 특성이 있기 때문입니다.

그래서 가장 중요한 것은 '본인 스스로 결론을 이끌어 내는 것'이라고 생각합니다.

인간은 자신의 입으로 한 말을 성취하려고 하기 때문에 그 말을 스스로 행동으로 옮깁니다. 반대로 일시적으로는 누군가의 의견이나 조언을 따른다 하더라도 자신 스스로 마음으로부터 우러나지 않으면 그것은 오래가지 않습니다. 그렇기 때문에 듣는 사람이 이야기하는 사람의 고민을 해결해주려고 하거나 조언을 하지 않아도 되는 것입니다.

만약에 '이혼하고 싶다'는 친구가 있다고 해봅시다. 여기서 당신은 "이혼해도 괜찮은 거야? 그러지 않는 것이 좋을 것 같아" 말린다든지, "이번에 확 이혼해버리는 것이 어때?" 등을 떠민다든지 할 필요가 없습니다. 그저 그냥 "응, 이혼하고 싶어 하는구나?"라며 앵무새 따라 하기를 하면 되는 것입니다.

> 친구: 요즘 남편하고 같이 있는 게 너무 힘들어 죽겠어.
> 당신: 너무 힘들어서 죽을 지경이구나. (앵무새 따라 하기 법칙)
> 친구: 상황에 따라서는 이혼도 생각 중이야.
> 당신: 그렇구나. 이혼도 생각하고 있구나. (앵무새 따라 하기 법칙)

이것만으로 충분합니다. 듣고 있는 당신이 앵무새 따라 하기를 반복하게 되면 상대는 자신이 지금 무슨 이야기를 하고 있는지를 자각하게 됩니다. '그렇구나. 친구에게 이런 이야기를 할 정도로 나는 이혼을 평소에 생각하고 있었구나'라며 스스로를 자각하는 것입니다.

그래서 어느 쪽이든 결론을 내리려고 합니다. 정말로 이혼을 생각하는 사람이라면 이혼 신고서를 제출하러 갈 것이고, 그 당시의 일시적인 기분 때문에 이혼 이야기를 꺼낸 사람이라면 남편과 서로 이야기를 할 것입니다.

　결국 듣는 사람은 상대의 이야기를 듣는 것만으로 충분한 역할을 하는 것이고 그 후에 어떻게 할 것인지는 이야기하는 사람에게 맡기면 되는 것입니다. 이야기하는 사람 입장에서 보면 듣는 사람이 열심히 이야기를 들어준 덕분에 결단할 수 있는 계기를 잡은 것이고 그것을 깨닫게 해준 당신에게 정말로 좋은 감정을 갖게 됩니다. 누구에게도 원망을 사지 않고 책임을 질 필요도 없이 그저 고맙다는 말만을 듣게 될 뿐입니다.

　이것이 '앵무새 따라 하기 법칙'의 장점입니다.

 **득을 보는 사람의 대화법**

고민을 상담하러 온 사람의 이야기를 단지 들어주는 것만으로도
당신은 당신의 역할을 충분히 다하고 있다.

'그런 말을 듣는 건 처음이야!'로 프라이드를 자극한다

'눈치 빠름'보다도 '파괴력'이 더 좋은 경이로운 마법의 한마디

제가 주장하는 '득을 보는 대화법'에서는 기본적으로 상대에게 자신의 의견을 주장하거나 조언을 할 필요가 없습니다. 그러나 상대가 더욱 기분 좋게 이야기할 수 있도록 하기 위한 환경을 세심하게 만들어내야 합니다.

그때 가장 요긴하게 사용할 수 있는 한마디가 바로 '격한 추임새'입니다. '격한 추임새'도 기본은 간단합니다. 몇 가지 전형적인 표현을 터득한 후에 그것을 순서대로 풀어내면 대화가 점점 활기를 띠게 됩니다.

어떤 상황에서도 사용할 수 있고 사용하면 반드시 상대가 기뻐하는 '격한 추임새'의 기본 표현은 바로 '그런 말을 듣는 건 처음이야!'입니다. 여기서 '풋…' 하고 웃은 사람들은 틀림없이 과거에 사용해본 기억이 있을 것입니다.

이 표현은 이른바 '여자 친구에게 들었을 때 가장 기분이 좋은 말'로 여성 잡지나 여성들을 위한 연애 공략법을 다룬 책에서 자주 볼 수 있는 기본 중의 기본인 필살기입니다. 그런데 이 문구는 정말로 대단한 힘을 갖고 있습니다. 한번 사용해보고 나면 습관이 되어버릴 정도로 파괴력이 있습니다.

왜냐하면 '그런 이야기는 처음 들어봐!'라는 말에는 여러 가지 의미가 담겨 있기 때문입니다. 먼저 '재미있는 이야기를 해줘서 고마워!'라는 감사의 의미가 담겨 있습니다.

그리고 '그런 재미있는 이야기를 나에게 해준 사람은 당신이 처음입니다'라는 마음도 느낄 수 있습니다. 다시 말해서 '그런 이야기는 처음 들어봐!'라는 말은 감사하다는 마음으로 상대를 치켜세우고 상대의 프라이드를 자극해 다른 이야기를 더 해줘야겠다고 하는 기분을 크게 고조시키는 마법의 한마디인 것입니다.

물론 '그런 이야기는 처음 들어봐!'라는 말에 기뻐하는 사람은 남성만이 아닙니다. 여성도 '그런 이야기는 처음 들어봐!'라는 말을 들으면 정말 좋아합니다. 자기도 모르게 '이 사람이 모르고 있는 더 좋은 정보를 제공해서 즐거워하는 모습을 보고 싶다'는 생각을 하게 됩니다. 그러한 증거로 이 마법의 한마디를 계속해서 하게 되면 남자든 여자든 넋을 잃고 황홀한 표정을 띠게 되니까요.

그렇기 때문에 '그런 이야기는 처음 들어봐!'라는 한마디를 주저하지 말고 물 쓰듯 사용하기를 바랍니다. 그럼 여기까지 이 책을 읽은 독자들 중에는 '이건 좀 거짓말 같지 않아? 정말로 처음 듣는 이야기 같은 건 있을 리가 없지 않아?' '뭔가 부자연스러운 느낌이 들지 않아?' 같은 걱정하는 사람들도 있을 것입니다.

그러나 이렇게도 생각해볼 수도 있지 않을까요? 세상의 이야기는 거의 대부분이 처음 듣는 이야기라고 해도 과언이 아닐 것입니다.

'(건실한 직업을 갖고 있는 사람에게서) 그런 이야기는 처음 들어봅니다!'

'(당신의 회사 사람으로부터 성공사례에 관한) 그런 이야기는 처음 들어봅니다!'

'(회사 업무 중에 들은 적은 있지만 사적으로 아이의 친구 엄마에게서) 그런 이야기는 처음 들어봅니다!'

이런 식으로 장면을 바꾸어 보면 언제 어디서든 사람들의 이야기는 '처음'의 연속입니다. 그렇게 생각해보면 내가 결코 거짓말을 하고 있는 것은 아니기 때문에 의심하지 말고 자신 있게 '처음입니다!'라고 말해보십시오.

 **득을 보는 사람의 대화법**

'조금 어색하다', '속 보인다'라는 생각을 하지 말고
'그런 이야기는 처음 들어 봅니다!'를 자꾸 사용해본다.

파괴력 넘버 1! '격한 추임새'

'그런 이야기는 처음 들어봐!'

조금 어색해 보이지 않을까?

조금 속 보이는 느낌이 드는데….

그렇지 않습니다!

딱 잘라 말해서 '어색해 보인다. 속 보인다….'

- 주저하지 말고 물 쓰듯이 사용한다.
- 재미있는 이야기를 해줘서 고맙다'는 기분으로!
- 결코 거짓말을 하는 것이 아니다. 자신 있게 이야기하자!

20

상대의 이야기가 매력적이라는 것을 느끼게 해주는 '정말 대단하네요!'

내가 정말로 '대단하게 생각한다!'는 것을 상대에게 알린다

'그런 이야기는 처음 들어봅니다!'에 이어서 상대가 기분 좋게 이야기할 수 있도록 하는 마법의 한마디는 '정말 대단하네요!'입니다.

여기까지 읽은 여러분은 대화의 무대 위에서 내려와 관객석에서 이야기하는 사람을 바라본다고 하는 이미지를 떠올리기 시작했을 것입니다. 그렇다면 여기서 다시 한번 관객석에 앉아 무대 위에서 이야기하고 있는 사람을 바라보고 있는 자신을 상상해보기 바랍니다.

그리고 무대 위에서 이야기하고 있는 사람에게 스포트라이트를 비추면서 이야기의 어떤 부분이 재미있는지를 찾아보기를 바랍니다. 그렇게 해서 상대의 재미있고 대단한 점을 찾았다면 그 부분에 집중적으로 스포트라이트를 비추는 것입니다.

경영자: 저는 인류에 대한 공헌을 내세우고 있지만 원래는 속이 검은 사람입니다.

당신: (그 두 사이의 갭이) 정말 대단하네요!

회사원: 본업이 바쁘지만 영어를 배우고 싶어서 짬을 내서 미국의 일일 연속극을 이것저것 많이 보고 있습니다.

당신: (바쁜 와중에도 드라마로 영어를 공부하고 있다니) 정말 대단합니다!

주부: 한류 드라마를 시즌10까지 다 봤어요.

당신: (모두가 일할 때 일본 드라마도 아닌 한국 드라마를 여유 있게 볼 수 있다니) 정말 대단합니다!

간호사: 요리를 배우러 오키나와에 갔다 왔어요.

당신: (단지 요리를 배우러 오키나와까지 갔다 왔다니) 정말 대단하네요!

이런 느낌으로 살짝 억지스럽게 상대의 대단하다고 생각되는 점을 찾아서 칭찬합니다. 그러면 상대는 자신에게 스포트라이트가 향하고 있다는 것을 느끼고 정말 기분 좋게 이야기를 이어 나갈 수 있습니다.

여기서 포인트는 듣는 자신이 '상대가 정말로 대단하다고 생각하는 것'입니다. 듣는 자신이 별로 대단하다고 생각하고 있지도 않으면서 '정말 대단하네요!'라는 형식적인 말을 한다면 그 느낌이 상대에게는 잘 가닿지 않습니다. 그래서 예문에 나와 있듯이 살짝 억지스럽더라도 자기 나름대로 대단하다고 느낀 점을 칭찬하는 것이 중요합니다. 다만 대화 상대 중에 대단하다고 느낄 수 있는 부분이 별로 없는 사람들이 있을 수 있습니다. 그럴 때는 '지금 대단히 고난도의 게임을 하고 있다'고 생각하십시오.

당신은 보물찾기 게임에 도전하고 있는 사람입니다. 단서 하나하나를 조금이라도 놓치지 말고 신중하게 보물찾기를 해보십시오. 그렇게 신중하게 꼼꼼히 찾아본다면 반드시 대단하다고 생각되는 점을 발견할 수 있습니다. 보물을 찾았다면, 즉시 '당신의 대단한 점은 이것입니다!' '알아차리셨어요? 방금 그 이야기 엄청나게 재미있었다니까요!' 하는 느낌을 담아서 이렇게 말하십시오.

"정말 대단하네요!"

득을 보는 사람의 대화법

보물찾기 게임에 참가하고 있다는 기분으로
상대의 대단하다고 생각되는 점을 찾아서 칭찬한다.

상대가 지니고 있는 보물을 찾아낸다는 것은
정말 재미있는 일이다.

요리를 배우러
오키나와에
갔다 왔어요.

한류 드라마를
시즌10까지 다
봤어요.

영어를 배우고
싶어서 짬짬이 미국의
일일 연속극을 보고
있습니다.

저는 원래는
속이 검은
사람입니다.

간호사 주부 회사원 경영자

정말 대단하네요!

어떤 상대라 할지라도
반드시 대단한 점이 있다.

억지스럽더라도 괜찮다.
자신이 진심으로 대단하다고 느낀 점을
칭찬하는 것이 중요하다.

칭찬할 점이 안 보이는 사람에게는 '좋은 인격'에 초점을 맞추어서 칭찬한다

누구든지 칭찬할 점이 한 가지는 있다

'격한 추임새'에 대해서 이야기하면, 가끔 "나쁜 점만 보이고 찾아봐도 칭찬할 점은 별로 보이지 않는 사람도 있지 않을까요?"라는 질문을 받을 때가 있습니다.

단언컨대 그런 사람은 없습니다. 혹시 찾아봐도 나쁜 점밖에 보이지 않는다면 그것은 당신이 상대의 부정적인 부분에만 초점을 맞추고 있기 때문입니다. 심리학적인 관점에서 보면 부정적인 편견을 갖고 있는 상태에서 사람들을 바라볼 때는 부정적인 면만 보이게 되어 있습니다.

반대로 긍정적인 선입견을 갖고 있는 상태에서 사람들을 바라볼 때는 긍정적인 정보가 계속해서 들어오게 되는 법입니다. 나는 항상 '좋은 점을 찾아보자'라고 하는 보물찾기 정신으로 사람들을 만나기 때문에 사람들의 나쁜 점이 별로 보이지 않습니다.

보물찾기를 하면서 걷고 있으면 가끔은 웅덩이에 빠지기도 하지만 그럴 경우에도 '그래 뭐, 할 수 없지' 정도의 기분밖에 들지 않습니다. 이렇게 이야기하면 '지금 성격이 좋다는 것을 자랑하고 있네요'라고 생각하는 사람들도 있을지 모르겠지만 그런 말이 아닙니다. 내 자신이 마음 편하고 기뻐하며 늘상 고맙다는 말을 듣고 행복해지기 위해서는 어떻게 하면 좋을지를 생각한 끝에 터득한 대화 기술입니다.

그다음으로 듣는 질문이 "나쁜 점을 보지 않으려고만 하면 사람들에게 잘 속지 않으세요?"입니다. 확실히 사람들의 좋은 점만을 보고 뭐든지 '야!', '와!' 하는 사람은 언뜻 보기에 속기 쉬울 것 같기도 합니다. 하지만 그 반대입니다.

인간은 의외로 자기 자신을 무조건 신뢰해주는 사람을 배신하지 않습니다. 자기를 '좋은 사람이다', '멋있는 사람이다' 칭찬해주는 사람 앞에서는 왠지 자신도 좋은 사람, 멋있는 사람이 돼서 더 칭찬을 받으려고 하는 심리가 작동합니다.

그리하여 사실은 마음속으로 딴마음을 품고 있는 사람이라 할지라도, 악의 없이 웃는 얼굴로 '야!', '와!', '그런 이야기는 처음 들었어요!', '엄청 멋있네요!' 이야기해주면 상대가 실제로 '그런 사람'이 돼서 나를 대해주게 되는 것입니다.

이 대화기술로 직장 상사의 괴롭힘으로부터 벗어난 사람이 있습니다.

직장에서 부하들을 괴롭히는 상사는 보통 부하 모두를 괴롭히지는 않습니다. A 직원에게는 심하게 대하지만 B 직원에게는 의외로 부드럽게 대하는 경우를 종종 볼 수 있습니다. 인간은 한 가지 인격만을 갖고 있는 것이 아닙니다.

그렇다면 그 사람의 마음속에 있는 '좋은 인격'에 스포트라이트를 비춰서 그 인격에 초점을 맞춘다면 그 사람은 훨씬 더 좋은 사람으로 (당신을) 대해주게 될 것입니다. 왜냐하면 자신을 인정해주는 사람에게는 상대도 '이 사람에게는 좋은 인격으로 대해 줘야겠다'고 생각하기 때문입니다.

혹시 여러분이 대하기 껄끄럽다고 생각되거나 단 하나라도 좋은 점이 안 보인다고 생각되는 사람이 있다면 한 번만이라도 좋으니까 보물을 찾아보기를 바랍니다. 의외로 엄청난 보물이 잠들어 있을지도 모릅니다.

득을 보는 사람의 대화법

상대의 좋은 점을 칭찬해주면
상대도 '좋은 인격'으로 나를 대해주게 된다.

상대의 좋은 점을 찾아 칭찬하면 관계는 극적으로 변한다.

다른 사람의 나쁜 점만을 보는 사람

다른 사람의 좋은 점만을 보는 사람

○월 ○일까지는 반드시 목표를 달성하도록. 나는 벌써 달성했으니까.

또 시작이네.

○월 ○일까지는 반드시 목표를 달성하도록. 나는 벌써 달성했으니까.

역시 대단하네요! 저도 열심히 하겠습니다.

○월 ○일까지는 달성하라고 했을 텐데.

아아, 못 해 먹겠다!

그래 한번 열심히 해봐.

감사합니다.

나쁜 인격으로
당신을 대하게 된다.

좋은 인격으로
당신을 대해주게 된다.

외모나 지니고 있는 물건을 칭찬하여 센스가 좋다는 점을
상대에게 전한다

'그거 멋지네요!'는 상대의 기분을 좋게 하는 가장 확실하고 강

력한 한마디

'격한 추임새'의 세 번째 버전을 소개하겠습니다.

"그거 멋지네요!"입니다. 이 한마디도 정말 간단히 사용할 수 있습니다. 그 사람의 모습을 보고 멋있다고 생각되는 점을 칭찬하기만 하면 됩니다.

"다리가 길어서 양복이 아주 멋지네요!", "머리 스타일이 세련돼 보여서 멋지네요!"라고 칭찬해 보십시오. 상대의 모습을 직접 칭찬하는 것이 조금 부끄럽다면 그 사람이 갖고 있는 물건도 괜찮습니다.

"그 가방 멋지네요!"

"그 구두 멋지네요!"

"그 핸드폰 케이스 멋지네요!"

이런 칭찬이라면 뭐든지 괜찮습니다. 언뜻 봐서 인상에 남는 부분을 칭찬해 보십시오. 특히, 외모에 대한 칭찬을 받고 기분 나빠 하는 사람은 없습니다.

물건도 마찬가지입니다. 그 사람의 소지품을 칭찬한다고 하는 것은 "당신의 물건 고르는 감각이 정말 멋지네요!"라고 말하는 것과 다름없습니다. 그래서 그 말을 들은 사람은 반드시 기분이 좋아지기 마련입니다.

물론 지금까지 다른 사람의 외모에 신경 써본 적이 없다든가 외모에 대한 칭찬이 조금 어색한 사람도 있을 거라고 생각합니다. 그중에는 '너의 칭찬은 자연스럽지가 않다'는 말을 듣고 의기소침해진 사람도 있을 것입니다.

그렇다면 우선 '멋지다고 생각되는 부분을 찾는 연습'을 해보기 바랍니다. 사람을 만났을 때 보기에 멋지다고 생각되는 부분을 찾는 연습하는 것입니다.

이것도 일종의 보물찾기입니다. 마치 보물을 찾는 사람의 기분으로 다른 사람의 좋은 부분을 찾아보기 바랍니다. 처음에는 그 말을 입 밖에 내지 못하더라도 괜찮습니다. 연습을 계속하다 보면 그 말을 상대에게 전하고 싶다는 기분이 점점 솟아나게 될 것입니다.

상대의 '변화'를 의식하면서 칭찬하면 그 효과는 두 배

'그거 멋지네요!'에 익숙해졌다면 레벨을 조금 더 올려 보겠습니다.

외모를 칭찬한다는 점에서는 같지만 사람의 '변화'에 주목해 칭찬한다는 점이 조금 다릅니다. 이 기술을 잘 구사할 수 있게 된다면 바로 칭찬의 달인이 될 수 있습니다.

"저번에 본 가방도 근사했는데 오늘 그 가방도 정말 멋지네요!"

"키와키타 씨는 항상 세련돼 보이지만 오늘 한 귀걸이는 정말 멋지네요!"

"고바야시 씨 머리 스타일이 바뀌었네요! 너무 잘 어울려서 멋지네요!"

이 칭찬 방법의 포인트는 '변화'에 초점을 맞춘다는 것입니다. '변화를 알아채서 이야기한다'는 것은 당신에게 흥미를 느끼고 평소 진지하게 보고 있다는 것을 상대에게 전하는 행동이기도 합니다.

또한 '이번뿐 아니라 지난번에도 나를 주의 깊게 봐주었구나'라고 생각하게 하는 증거이므로 상대는 더더욱 호감을 갖게 됩니다. 굉장히 효과적입니다. 단 이 방법을 사용함에 있어서 절대로 잊지 말아야 하는 것이 있습니다. 지난번 만났을 때 본 것을 선명하게 기억해두어야 합니다.

하지만 사실 그렇게 기억한다는 것은 상당히 어려운 일입니다. 기억력이 좋지 못한 사람은 지난번 만났을 때의 복장 등을 전혀 기억하지 못합니다. 그래서 제가 생각해낸 한 가지 아이디어는, 누군가를 만날 때는 되도록이면 사진을 찍어두는 것입니다.

먼저 "만난 기념으로 사진 한 장 찍을 수 있을까요?"라는 식으로 사진을 찍어둡니다. 그다음에 그 사람을 만날 일이 있을 때에는 전에 찍어둔 사진을 다시 한번 본 다음 만나는 것입니다. 그렇게 사진과 견주어 보면 '달라진 점'을 알 수 있기 때문에 다시 만났을 때의 '변화'를 칭찬할 수 있습니다.

여기서 사진을 찍을 때 남몰래 살짝 사용하고 있는 저만의 비밀 테크닉을 알려 드리겠습니다. 누군가와 사진을 같이 찍을 때는 되도록이면 상대가 멋있게 나오도록 배려하는 것입니다. 조명이 가장 밝은 곳에 상대가 앉도록 한다든지, 내가 조금 앞쪽에 서서 일부러 내 얼굴이 크게 나오도록 사진을 찍는 것입니다. 그렇게 하면 상대적으로 상대의 얼굴이 작게 나오기 때문에, 특히 여성들이 좋아합니다.

이처럼 레벨이 조금 높은 테크닉도 있지만, 레벨이 높은 만큼 상대가 기뻐하는 정도도 훨씬 커집니다. 꼭 시도해보세요.

득을 보는 사람의 대화법

'외모'를 칭찬하는 것은 '좋은 점'을 찾아서 칭찬하는 것과
마찬가지로 중요하다.

유명인이나 지위가 있는 사람일수록 칭찬이 효과적인 이유

사람들은 유명인이나 지위가 있는 사람의 이야기일수록 진지하게 듣지 않는다

'격한 추임새'에 관해, "유명인이나 지위가 있는 사람은 칭찬에 익숙해져 있어서 칭찬해도 별로 의미가 없지 않나요?"라고 반문하는 사람이 있습니다. 심지어 유명인이나 지위가 높은 사람에 대해서는 조금 건방진 태도로 대하는 편이 낫다고 쓰인 책마저 있습니다.

그렇지 않습니다. 유명인에게도 '격한 추임새'는 효과적입니다. 오히려 유명인일수록 효과가 더 크다고 할 수 있습니다. 왜냐하면 유명인일수록 혹은 지위가 높으면 높을수록 직함이나 성과만이 주목을 받고, 그 사람 자체에는 관심을 두는 사람이 많지 않기 때문입니다.

확실히 유명인이나 어느 정도 지위가 있는 사람은 칭찬에 익숙해져 있습니다. 그러나 유명인이나 지위가 높은 사람과 만나는 사람들의 거의 대부분은 '유명인과 가까워져서 자신을 조금 돋보이게 하고 싶다'든

지 '지위가 높은 사람으로부터 기회를 한번 얻고 싶다'라고 생각하는 사람들입니다. 그래서 유명인이나 지위가 있는 사람과 대화할 때 자신도 결국은 유명인과 똑같은 무대 위에 서서 이야기해 버리기 쉽습니다.

그러면 왜 이런 일이 일어나게 되는 것일까요? 이야기를 듣고 있는 유명인이나 지위가 있는 사람의 마음에 들고 싶어서, 혹은 기회를 한번 잡고 싶다는 생각이 너무 강해서 자기를 드러내 보이는 것에 너무 마음이 가 있기 때문에 사람들은 유명인의 이야기를 진지하게 듣지 않게 되는 것입니다. 이것이 유명인의 슬픈 고독입니다.

그렇기 때문에 유명인이나 지위가 있는 사람일수록 그냥 오로지 자신의 이야기를 들어주는 사람에게 호감을 가지게 되기 쉽습니다. 자신의 생각을 강하게 주장하거나 어떻게든 한번 잘 보이려고 하지 않고 진지하게 귀 기울여주는 사람은 유명인 눈에 빛나 보이는 것입니다.

단지 듣는 것만으로 끝나지 않고 '이 사람의 좋은 점을 찾아보자'는 마인드로 대해준다면 유명인이나 지위가 높은 사람뿐만 아니라 당연히 그 어느 누구라고 기뻐할 것입니다.

가끔 저명한 사람과 만나서 이야기를 나눌 때가 있습니다. 그런 사람일수록 고독하기 때문에 진지하게 이야기를 들어주고, '격한 추임새'를 해주면 정말 기뻐합니다. 약간 위에서 내려다본다는 느낌이 들지만 유명인으로부터 무언가를 받으려고 하지 말고 먼저 이야기를 들어주십시오. '주세요'가 아니라 '줄게요'라는 기분으로 대하십시오.

유명인이든 혹은 평범한 사람이든 상관없이 보물찾기를 하듯이 그들의 좋은 부분을 찾아 그 사람에게 도움이 되었으면 좋겠다는 마음을 항상 갖는 것이 중요합니다. 그것만으로 결과적으로 상대도 자신도 행복해지는 것입니다.

득을 보는 사람의 대화법

유명인이나 지위가 있는 사람을 상대할 때야말로
무대 밑으로 내려와 칭찬한다.

어떤 상대를 대하더라도 동요하지 않게 되는 '수직적 사고와 수평적 사고'의 법칙

'수직적 사고'가 아닌 '수평적 사고'로 대하면 타인과 자신을 비

교하지 않게 된다

어떤 유명인과 만나도 전혀 동요하지 않는 저를 보고 "선생님은 유명한 사람과 이야기할 때 긴장하지 않나요?"라고 묻는 사람들이 있습니다.

여기까지 읽은 독자는 아셨겠지만, 저는 원래 말이 어눌하고 소심한 사람이기 때문에 유명한 사람을 만났을 때 긴장하지 않는 타입이 아닙니다.

그러나 언젠가 '수직적 사고와 수평적 사고의 법칙'을 깨닫고 나서부터는 여러 가지로 훨씬 편해졌습니다. 여러분들과 그것을 한번 공유해보고 싶습니다.

'지위가 높은 사람과 만나면 긴장된다'고 하는 사람들은 수직적 가치관을 가지고 살아가는 사람입니다. 알기 쉽게 이야기하면 '자신과 상대를 상하 관계로 바라보는 사람'입니다.

다른 사람과 대화할 때 '이 사람은 아직 평사원이니까 연봉이 아마 그

정도겠지?', '저 사람은 아르바이트니까 아직 힘들겠네'라는 식으로 마음속으로 상대와 자신에게 점수를 매기면서 이야기하는 사람입니다.

다른 사람과의 관계를 '상하 관계(수직적)로 사고하는 사람'은, 기본적으로 '지위가 높은 사람'과 자리를 같이했을 때 상대는 위, 자신은 밑에 두게 됩니다. 그리고 '되도록이면 자신이 위에 있는 것처럼 보이게 해서는 안 되고 좀 더 좋은 점수를 따지 않으면 안 된다'는 심리가 작동합니다. 그래서 긴장하는 것입니다.

반대로 다른 사람과의 관계를 수평적으로 사고하게 되면 어떻게 될까요? 총리든, 교장 선생님이든, 회사원이든, 유명 연예인이든 상관없이 위도 아래도 없습니다. 단지 하나의 가로줄 위에 여러 가지 직업이나 지위 그리고 각자의 역할을 가진 사람이 수평적으로 존재할 뿐입니다.

저마다 각자의 역할이 있을 뿐입니다. 각자 자신이 하고 싶은 일을 선택해서 되고 싶은 사람이 되어 있는 것뿐이라고 생각하면 그만입니다. 혹시 자기가 지금 있는 자리가 싫어졌다면 가로줄 위의 다른 곳으로 이동하면 됩니다.

이처럼 수평적으로 사람들을 보게 되면서부터 나는 다른 사람과 나를 비교하지 않게 되었습니다. 그것뿐만이 아니라 '성공하지 않으면 안 된다'라든지 '높은 위치로 오르기 위해서 도전하지 않으면 안 된다'라고 하는 생각도 하지 않게 되었습니다.

다시 말해서 도전해서 무언가 결과를 낸다는 것 자체는 중요한 일이라고 생각하지만 그 결과에 대해서는 일희일비하거나 점수를 매기는 일들을 하지 않게 되었습니다. 자신의 개성을 살려서 자신이 되고 싶은 사람이 되거나 하고 싶은 것을 하면 된다고 생각하게 되었습니다.

앞서 '지위가 높은 사람 앞에서는 긴장하는 사람'에 대해서 이야기했지만 그 반대도 있습니다. '상대가 자신보다 아래라고 판단되면 함부로 대하는' 타입의 사람들입니다.

사실 이런 타입의 사람들이 훨씬 위험할 뿐만 아니라 오히려 이런 사람들이 대화에서 실패할 가능성이 높을지도 모릅니다. 그럼 여러분들은 청소 아주머니, 경비 아저씨, 택시 운전사, 아르바이트 학생, 편의점 직원에게 평소 어떤 식으로 대하고 있습니까? 자신도 모르게 나는 손님이니까 혹은 나이가 많으니까 하면서 무례한 말을 하거나 인사조차도 하지 않는 경우는 없습니까?

확실히 뭔가 이유를 만들어 사람을 아래로 보는 버릇을 가진 사람은 '자신보다도 높은 사람'을 만나면 지나치게 긴장하기 쉽습니다. 그러나 사람을 상하 관계로 보지 않게 되면 '높은 사람도 나를 아래로 내려다보지 않는다'고 생각하게 되기 때문에 긴장하지 않게 됩니다.

그래서 저는 '득을 보는 대화법' 세미나를 할 때 평소 공손하게 인사를 하지 않는 사람에게는 먼저 인사를 하게 하는 연습을 시킵니다. 인사도 훈련이 필요한 것입니다. 상대를 수직적 사고가 아닌 수평적 사고로 바라본다는 것은 모든 커뮤니케이션의 기본이 되는 사고방식입니다. 지위가 높은 사람 앞에서 긴장하는 사람은 반드시 사람들과 관계를 생각할 때 지금까지의 사고방식을 바꿔보기를 바랍니다.

득을 보는 사람의 대화법

상대에 따라서 대화 방법이나 태도를 바꾸지 않는다.

가치관에 관한 이야기는 반드시 메모하여 상대에게 전한다

사람은 자신의 가치관을 깨닫게 해준 이에게 절대적인 호의를 갖게 된다

지금 이 꼭지는 이 책에서 가장 중요한 이야기일수도 있기 때문에 주의 깊게 읽어주시기 바랍니다.

위에서 소개한 것처럼 외모의 변화는 사진을 찍어두면 체크할 수도 있지만 대화한 내용의 경우에는 그렇게 할 수 없습니다. 그 경우에 나는 일로 만나는 사람들이나 나에게 지도를 받는 사람들과 대화는 자세하게 메모를 해둡니다. 메모하는 것뿐 아니라 양해를 구하고 녹음을 하기도 합니다. 그리고 다음에 그 고객을 만나기 전에 메모를 보면서 녹음해둔 내용도 같이 대강 다시 한번 듣고 나서 만납니다. 그렇게 하면 정작 본인마저 잊고 있었던 이야기를 다시 상기시킬 수 있기 때문입니다.

"이전에 이런 말씀을 하시고 나서 3개월이 지났는데 조금 생각이 바뀌셨네요"라고 하면 상대는 십중팔구 좋아합니다. 물론 업무적인 만남이 아니라면 그 정도까지 할 필요는 없습니다.

　업무 외의 일로 누군가와 만나 이야기할 때는 메모를 하거나 녹음을 할 수 없는 경우가 많을 것입니다. 그럴 때는 여하튼 상대의 이야기를 열심히 기억하려고 하는 것이 중요합니다. 대화 내용은 기억하려고 하지 않으면 절대 기억할 수 없습니다.

　다시 말해서 기억력의 문제가 아닙니다. 마음 자세의 문제입니다. 따라서 어쨌든 집중해서 상대의 이야기를 들어야 하고 그 사람과 헤어지고 나서는 바로 메모를 합니다. 메모해야 할 내용은 주로 그 사람이 중요하게 여기는 '가치관'에 관한 이야기입니다.

　"일보다도 사생활을 우선시하는 사람이다."

　"결과보다는 과정을 중요하게 여기는 사람이다."

　"돈을 버는 것보다도 자유롭게 살고 싶어 하는 사람이다."

　'가치관'에 관한 이야기가 대화 중에 살짝 나왔을 때는 반드시 메모해 두기 바랍니다. 왜냐하면 인간은 인생을 살아가면서 삶의 중심이 되는 가치관을 깨닫고 나서 그 가치관을 판단 기준으로 해서 살아갈 때 인생이 행복해지기 때문입니다.

　사실 '득을 보는 대화법'이 최종적으로 지향하는 목표는 바로 여기에 있습니다. '인생의 핵심이 되는 가치관'을 상대가 이야기하기 시작하면 '아 · 야 · 오 · 와 · 햐 감탄사의 법칙'과 '앵무새 따라 하기'를 사용하면 상대는 깜짝 놀라게 되고, 온몸이 반응을 하게 됩니다. 땀을 쫙 흘리는 사람도 있고 동공이 확 열리는 사람도 있습니다.

　그렇게 되면 그 사람은 절대로 당신으로부터 멀어질 수 없습니다. 자신의 인생의 중심이 되는 가치관을 깨닫게 해 준 사람은 절대로 잊지 않을 뿐만 아니라 그 사람에 대한 절대적인 호의를 갖게 되기 때문입니다. 중요한 부분이기 때문에 정리해 보겠습니다.

- 무대 위에서 내려와 이야기를 듣는다.
- 추임새를 넣는다.
- 그 사람의 인생의 중심이 되는 가치관이 대화 중에 나온다.
- 그 가치관을 반복해서 따라 한다. (추임새를 넣는다)
- 상대가 놀란다.
- 상대는 자신의 가치관을 깨닫게 되며 인생이 행복해진다.
- 상대가 '깨닫게 해주어서 고맙다'라고 한다.
- 고마워한다.
- 깨닫게 해준 당신을 위해서 무언가를 해 주어야겠다고 생각한다.
- 들어준 당신의 인생이 잘 풀리게 된다.

이 무한반복의 나선형 고리가 움직이기 시작하면 당신은 모든 사람들로부터 감사하다는 말을 듣게 될 것입니다. 그리고 당신 자신은 단지 '들어준 것뿐'인데 주변 사람들이 당신에게 다가와 당신의 행복을 위해서 무언가를 해주려고 하게 됩니다.

상대가 '자신의 인생의 중심이 되는 가치관'을 언급했을 때는 반드시 '반복해서 되풀이해주는 것'과 '절대로 잊지 않도록 메모해둬야 한다는 것'을 기억하기 바랍니다.

득을 보는 사람의 대화법

상대가 중요하게 생각하는 가치관을 찾아내서
그것을 상대에게 전하면 자신의 인생이 변한다.

4장

반응이 좋으면 대화가 활기를 띤다

26

사람들은 반응이 큰 사람을 향해 이야기한다

반응은 약간 오버한다 싶을 정도가 딱 좋다

3장에서는 말하는 사람이 신나서 이야기할 수 있도록 맞장구치는 방법이나 핵심적인 키워드를 소개했습니다. 4장에서는 얼굴이나 몸의 반응을 통해서 상대의 속마음을 끌어낼 수 있는 방법에 대해서 소개해 보겠습니다.

본론에 들어가기 전에 먼저 알아두어야 할 것은, 바로 듣는 사람의 반응에 따라서 상대의 이야기 내용이 크게 달라진다는 것입니다.

TV 프로그램에서 출연자나 연예인의 반응 장면이 자주 나옵니다. 이것은 시청자들을 즐겁게 하려는 것이기도 하지만 진행자나 발언하는 사람이 신이 나서 이야기할 수 있는 환경을 만들기 위해서이기도 합니다. 듣고 있는 사람의 반응이 좋으면 말하는 사람은 더욱 신이 나서 이것저것 말하게 되고 반응이 시원찮으면 이야기도 신통치 않은 내용이 되어 버리고 맙니다.

보통 프로그램에 출연한 연예인들은 우리가 느낀 것 이상으로 과장된 반응을 합니다. 그렇습니다. 그 정도의 과장이라야 겨우 '반응을 하고 있다'는 것이 상대에게 전해지는 수준인 것입니다. '반응은 여하튼 크게' 하는 것이 반응을 할 때의 기본 자세입니다.

처음에는 창피하다고 생각할지도 모르지만 계속하는 동안에 익숙해질 것입니다. 특히 요즘 늘고 있는 온라인을 커뮤니케이션은 평소보다 다섯 배 정도 더 큰 반응을 해도 괜찮다고 생각하십시오. 실제 만나서 대화할 때 반응을 별로 하지 않는 사람의 경우에는 스스로 믿기지 않을 정도의 오버 액션을 하기를 바랍니다. 그 정도를 해야 겨우 상대의 눈에 조금 듭니다.

이제 사례별로 구체적인 반응에 대해서 설명해 가겠습니다.

득을 보는 사람의 대화법

크게 반응하여 상대가 신이 나서 이야기하게 한다.

반응을 잘하는 것은 대화를 잘하는 것

〈반응 없는 사람〉

〈크게 반응하는 사람〉

반응은 약간 오버한다 싶을 정도라야 가까스로 전달된다.

상대의 이야기가 얼마나 대단한지 알게 해주는
'몸을 뒤로 젖히기'

인간은 움직이는 것은 눈으로 뒤쫓는 습성을 가지고 있다

'반응'의 기본인 '몸을 뒤로 젖히기'에 대해서 설명해 보겠습니다. 많은 사람이 큰 히트를 친 영화 ≪매트릭스≫를 본 적이 있을 것입니다. 이 영화는 주인공인 키아누 리브스가 총탄을 피하기 위해 몸을 뒤로 확 젖히는 장면으로도 유명합니다. 여기서 이야기하는 '몸을 뒤로 젖히기'도 바로 그 자세를 상상하면 됩니다.

반응(reaction)은 '리(re)+액션(action)'으로 나눌 수 있습니다. 즉, 상대의 말에 '반응(리)'해서 '동작(액션)'하는 것입니다. 여러분도 상대의 이야기에 맞추어서 키아누 리브스처럼 큰 동작으로 반응해 주십시오. 자신이 와이어에 매달려 있다고 상상해보는 것도 좋습니다.

"몸을 뒤로 확 젖히라니 조금 과장스럽지 않나요?"

이렇게 묻는 사람도 있습니다. 그러나 그 정도의 이미지를 갖고 해도 의외로 반응이 작아져버리는 경우가 많습니다. 그렇기 때문에 ≪매트릭스≫에 나오는 장면처럼 과장스럽게 반응하는 것이 딱 좋습니다.

거기에 '아 · 야 · 오 · 와 · 햐 감탄사의 법칙'을 조합해 보십시오. 예를 들어, "영업 사원 3천 명 중에 가장 좋은 실적을 올린 적이 있습니다"라고 상대방이 이야기하면, 감탄사 '야!'와 몸을 뒤로 젖히기를 조합해봅시다. 또 "실직하고 5년 전까지 노숙했지만 지금은 1년에 1억을 벌고 있습니다" 라는 이야기에 감탄사 '와!'와 몸을 뒤로 젖히기를 조합하면 좋습니다.

뒤로 몸을 젖히는 것 말고 앞으로 쭉 내미는 것도 효과적입니다. 상대가 이야기에 열을 내기 시작할 때 앞으로 넘어질 듯하면서 들으면 상대는 기분이 한층 더 들떠서 열심히 이야기하게 됩니다.

"처음 입사하고 나서 몇 년간은 실적을 전혀 올리지 못했습니다."

"그랬군요."

"그런데 마침 무서운 상사가 새로 와서 회사를 그만두려고 고민하다가 다시 한번 마지막으로 열심히 해보자고 생각했는데 그 즈음부터 갑자기 영업 실적이 오르기 시작했습니다."

"아! 그래요?" (앞으로 몸을 기울이면서)

특히 온라인 대화의 경우 카메라에 얼굴이 부딪칠 정도로 반응하는 것이 좋습니다. 왜냐하면 사람들은 움직이는 것을 눈으로 뒤쫓는 습성이 있기 때문입니다. 화면상에서의 움직임은 상대의 주의를 끌게 마련입니다. 따라서 이야기하는 사람은 반응하는 당신을 향하게 됩니다. 꼭 한번 시도해 보십시오.

득을 보는 사람의 대화법

상대의 이야기를 최대한 끌어내기 위한
반응을 창피하게 생각하지 않는다.

반응은 '과장스럽다' 싶을 정도가 딱 좋다.

몸을 뒤로 젖히기

저는 영업 사원 3천 명 중에 가장 좋은 실적을 올린 사람입니다!

야!

5년 전까지 무직이었습니다만 지금은 1년에 1억을 벌고 있습니다.

와!

앞으로 넘어질 듯한 반응

처음 입사하고 나서 몇 년간은 실적이 좋지 않았습니다.

그랬군요.

이야기가 열을 띠기 시작했다.

회사를 그만두려고 고민하다가 마지막으로 열심히 해 보자고 마음 먹으니까 영업 실적이 오르기 시작했습니다.

아!

반응이 좋으면 상대도 점점 열을 내기 시작한다.

상대의 시야에 들어가도록 맞장구치는 '고갯짓 세 배의 법칙'

작은 동작의 맞장구는 상대의 눈에 띄지 않는다

여러분은 맞장구칠 때 머리를 어느 정도로 크게 끄덕끄덕하십니까? 아마 대부분은 동작이 그렇게 크지 않을 것이라고 생각됩니다. 제 강의를 듣는 사람들이 맞장구치는 동작을 지켜보면 그렇습니다.

지금까지 한 것보다 세 배 정도 더 큰 동작으로 맞장구를 쳐보십시오. 이름하여 '고갯짓 세 배의 법칙'입니다.

이야기하는 쪽에서 보면 의외로 듣고 있는 상대의 얼굴이나 동작이 눈에 들어오지 않습니다. 이야기하는 행위는 뇌의 기억 장치를 상당히 많이 사용하기 때문에, 자신의 이야기에 집중하게 되고 자연스럽게 다른 것에는 주의력이 산만해집니다.

그래서 '지금 듣고 있습니다' 하고 말하는 사람에게 확실하게 전해질 정도의 움직임이 시야에 들어오면, 그는 정말 만족하게 됩니다. '상대의 시야에 들어갈 정도'의 동작은 대체로 지금까지의 맞장구보다 '세 배 정도' 커야 한다는 것을 기억하기 바랍니다.

요령은 이야기가 무르익으면 익을수록 동작을 크게 하는 것입니다. 이야기가 점점 활기를 띤다고 하는 것은 상대가 이야기에 신이 나 있다는 것입니다. 그렇게 되면 더더욱 상대가 주위를 살필 여유가 없어집니다. 그때 바로 필요한 것이 상대의 시야에 들어갈 수 있는 큰 반응입니다.

말을 빠르게 하는 사람에게는 록 음악을 듣는 리듬으로 맞장구칩니다. 말을 천천히 하는 사람에게는 우아한 클래식을 듣고 있다는 느낌으로 맞장구칩니다. 고개의 움직임도 세 배로 크게 해서 상대의 페이스에 맞추면 완벽한 맞장구가 됩니다.

온라인 대화 때는 맞장구치는 횟수를 많이 늘리는 것이 핵심입니다. 그룹 온라인 회의를 할 때, 크게 고개를 끄덕이는 사람이 한 명 있으면 이야기하는 사람은 특히 그 사람에게 더 고마운 마음을 느끼기 마련입니다.

득을 보는 사람의 대화법

상대의 이야기 페이스에 맞추어 고갯짓을 크게 해 맞장구친다.

'과장스럽다'고 여길 정도로 입꼬리를 올려 이야기하면 좋은 일이 생긴다

이 표정으로 당신도 부자가 될 수 있다

일본에 평생 가장 세금을 많이 내는 사이토 히토리라는 사람이 있습니다. 그가 한 말 가운데 "눈썹하고 입술로 원을 그려라"라는 말이 있습니다. 이것은 양눈썹을 내리고 양쪽 입꼬리를 올려서 원을 그릴 정도로 항상 웃는 얼굴을 하라는 의미입니다.

이 표정을 의식하면서 이야기를 들으면, '득을 보는 대화법'의 수준이 한 단계 더 올라갑니다. '그렇군요!'라는 맞장구 한마디라도 입꼬리가 올라가 있는가 아닌가에 따라서 전혀 다른 인상을 줍니다. 입꼬리를 올려 좋은 인상을 주는 방법은 간단합니다. 완전한 역삼각형을 연상하는 것입니다. 핵심은 스스로 과장됐다 싶은 생각이 들 정도로 입꼬리를 올리는 것입니다.

시무라 켄이 출연했던 ≪바보 영주≫에서 아랫입술이 윗입술보다 위로 나오게 웃는 시무라의 표정, 여성은 오드리 헵번(Audrey Hepburn) 정도의 미소를 생각하기 바랍니다. 처음에는 입술 주변 근육통으로 고생할 지 모르지만 익숙해지면 금방 자연스러워질 것입니다.

 **득을 보는 사람의 대화법**

이 표정을 하는 것만으로 상대는 점점 더 많은 이야기를 하게 된다.

상대방의 이야기에 놀랐을 때 사용하면 효과적인 '눈이 튀어나올 듯한 반응'

기적의 한마디와 조합하여 이야기하면 효과가 두 배로

눈 모양에 대해서도 이야기해 보겠습니다. 눈 모양이랄까 눈동자에 관한 이야기입니다.

상대의 이야기에 놀랐을 때, 눈을 크게 뜨고 '눈이 튀어나올 듯한 반응'을 보이면 굉장히 효과적입니다. 놀랍다는 느낌은 의외로 이야기하는 사람에게 전해지기 힘듭니다. 그래서 '눈이 튀어나올 듯한 반응'도 살짝 오버한다는 느낌으로 하는 것이 좋습니다. 안압을 높여서 안구가 튀어나오게 한다는 이미지로 한번 해보십시오.

"그런 이야기는 처음 들었어요!" (눈이 튀어나올 듯이)
"정말 재미있는 이야기네요!" (눈이 튀어나올 듯이)

이렇게 기적의 한마디와 조합하여 사용하면 안성마춤입니다.

목표는 코미디나 만화 등에서 자주 나오는 안구가 튀어나오는 그 장면. 눈썹을 의식적으로 확 올리면 자연스럽게 안구가 튀어나옵니다. 갑자기 눈앞에 금은보화가 쌓여 있는 것을 본 것처럼 눈을 크게 뜨면 됩니다.

득을 보는 사람의 대화법

> 양 눈썹을 올리는 것을 의식하면
> 무리하지 않아도 할 수 있고 상대에게도 전해진다.

이야기하는 상대의 용기를 북돋는 데 가장 좋은
'웃음 세 배의 기술'

반응의 진수는 웃음. 웃음의 빈도를 높이자

모든 반응 가운데 이야기하는 상대에게 용기를 주는 가장 좋은 방법은 '웃음'입니다. 이야기가 활기를 띠면 띨수록 몸을 뒤로 크게 젖히거나, 고개를 크게 끄덕이거나, 안구가 튀어나올 듯이 눈을 크게 뜨거나, 입꼬리를 크게 올리면서 웃는 횟수를 늘려갑니다. 이것이 '득을 보는 대화법'의 반응 흐름입니다.

웃는 횟수를 늘려가는 것. 이것을 '웃음 세 배의 기술'이라고 부릅니다. 이때 웃으면서 손뼉을 치면 효과가 더욱더 커집니다. 웃으면서 손뼉을 친다는 것은 결코 고상한 행동이 아니지만, '이 사람은 이야기를 재미있게 듣고 있구나'라는 느낌을 줘 호감도가 올라갑니다. 특히 여러 명이 대화할 때, 웃음이 끊이지 않는 사람이나 반응이 큰 사람이 있으면, 이야기하는 사람은 그를 바라보며 이야기하고 싶은 기분이 생깁니다. 배우가 카메라를 향해서 대사를 하는 것과 마찬가지입니다.

한편 진지하거나 심각한 이야기를 나눌 경우 분위기에 맞추어서 목소리를 조금 낮춰서 차분한 표정을 짓습니다. 상대의 이야기 중간 중간에 마음속으로 '응원합니다, 응원합니다'를 계속 중얼거리고 고개를 끄덕이면서 들으면 좋습니다.

 **득을 보는 사람의 대화법**

웃으면서 손뼉을 치면
당신에 대한 호감도는 급상승한다.

인기 세미나 강사를 자신의 고객으로 만드는 방법

'자신이 하고 싶은 질문'이 아니라 '강사가 하고 싶어 하는 질문'을 한다

지금까지 1대 1 혹은 1대 다수가 대화할 때의 반응에 관해서 여러 가지 설명을 했습니다만 이러한 방법은 세미나에 참석했을 때도 아주 효과가 좋습니다.

저는 독립하고 한참 동안 수강료가 싼 세미나에 많이 참가했습니다. 그렇지만 사실은 세미나에서 뭔가를 배우려는 목적보다는 참가자들과 친해져서 나중에 내 고객으로 만들어볼까 하는 바람직하지 않은 꿍꿍이 속이 따로 있었습니다.

하지만 '어떻게 하면 내 고객으로 만들 수 있을까'에 관해서는 진지하게 생각했습니다. 그래서 얻은 결론이 '주변 사람들이 볼 때 강사와 사이가 좋다는 분위기를 만들어내면 내 고객이 될지도 모른다'는 것이었습니다. 말하자면 '강사를 돕는 진행자 혹은 강사의 친구라고 생각하게 만

124

드는 작전'이었습니다.

구체적으로, 강의실 문이 열리면 바로 교실에 들어가 그날 강의를 담당하는 강사에게 "뭔가 제가 도울 일이 있을까요?"라고 묻습니다. 그러면 강사는 '이 강좌의 스태프인가?'라고 오해하고 "이 자료 좀 배포해주세요", "자리 배치를 좀 바꿔주세요"라는 식으로 부담 없이 부탁하게 됩니다. 그때 "네!" 하고 그것을 기꺼이 합니다.

강의가 시작되면 제일 앞자리에 앉아 몸을 뒤로 젖히면서 감탄사 '아!'를 외치거나, 눈이 튀어나올 듯이 감탄사 '오!'를 외치거나, '박장대소'(웃음 세 배의 기술)하면서 격한 반응을 반복합니다.

제일 앞자리에서 이런 반응을 하면, 그새 강사도 제 얼굴을 보며 이야기하게 됩니다. 그렇게 되면 교실의 다른 사람들은, '맨 앞에 앉아 있는 사람은 강사 친구인가? 아니면 수강생 자리에 앉아 있지만 원래 유명한 사람인가?'라는 착각을 하게 됩니다.

더 중요한 것은 쉬는 시간입니다. 휴식 시간에 별일 없어도 강사 탁자와 되도록 가까운 곳에서 강사와 같이 서 있습니다. 마치 강사의 친한 친구처럼 바싹 붙어 있는 것입니다.

아무리 그렇더라도 그건 좀 이상할 것 같다고 생각하는 사람도 있을지 모르지만, 의외로 아무도 별말 하지 않습니다. 강사도 '약간 별난 수강생이네' 정도로 생각할 수 있지만, "좀 비키세요"라고까지 이야기하지 않습니다.

마지막으로 질의와 응답 시간입니다. 여기서 한 번에 강사의 신뢰를 얻습니다. 구체적으로는 '자신이 하고 싶은 질문이 아니라 강사가 하고 싶어 하는 질문(=강사가 가장 전달하고 싶어 하는 내용)'을 하는 것입니다. 이런 질문을 잇달아 하면 강사는 '좋네! 내 이야기가 잘 전달됐네'라는 표정을 짓습니다.

그렇게 해서 강의 후 강사에게 "강의실 분위기를 띄워줘서 감사합니다"라는 말을 듣기도 합니다. "술 한잔하실래요?"라는 말을 들은 적도 한두 번이 아닙니다. 이렇게 해서 알게 된 강사분이 지금은 제 고객이 된 경우도 있습니다.

　　설령 강사가 말을 걸어주지 않아도, 강의를 들었던 사람들이 제 존재를 한눈에 알아보게 됩니다. 강의가 끝나고 명함 교환을 할 때, "무슨 일 하세요?"라고 묻는 사람도 있습니다. 그중 몇은 고객이 되었습니다.

　　어떤 질문을 해야 상대가 '그래요! 그것을 질문해주기를 바랐습니다!'라고 생각하게 될까요? 어떻게 자기소개를 해야 상대가 '아아! 나중에 다시 한번 만나고 싶네요!'라고 느끼게 될까요? 5장과 6장에서 이야기해 보겠습니다.

득을 보는 사람의 대화법

'득을 보는 대화법'으로 강의장 분위기를 띄우면
강사가 나의 고객이 된다.

5장

듣고 싶은 말을 100% 끌어낼 수 있는 마법의 질문법

이런 '질문'을 하면 대화가 자연스럽게 이어진다

득을 보는 대화법이 더욱 빛을 발하는 '질문법'

3장에서는 상대가 자연스럽게 신이 나서 이야기할 수 있도록 하게 하는 맞장구나 문장 표현을 소개했고, 4장에서는 '득을 보는 대화법' 수준을 한 단계 올리는 반응을 설명했습니다.

지금부터는 듣는 사람이 듣고 싶은 이야기를 100% 끌어낼 수 있는 질문 방법을 이야기하겠습니다. 그런데 여기까지 읽고 무언가를 알아차린 사람이 있다면, 정말 대단하다고 생각합니다.

지금까지 책에서 '대화법'에 관한 이야기는 거의 하지 않았습니다. 앞에서는 '아!', '와!' 같은 감탄사의 법칙이나 '앵무새 따라 하기', '그런 이야기는 처음 들어요!', '정말 대단하네요!' 같은 몇 개의 정형문과 반응에 관한 것밖에 이야기하지 않았습니다. 물론 그것을 완벽하게 구사하는 것만으로도 충분히 당신의 인생은 변합니다.

이야기하는 사람과 무대 위에 같이 올라가지 않는 것만으로도 당신은

128

이미 대화에서 득을 보는 10% 중 한 사람에 속하기 때문입니다.

여기서부터는 대화에서 득을 더욱더 많이 보고 싶은 사람만 읽어도 됩니다. 이제 약간 레벨이 올라갑니다.

그렇다 하더라도 초등학교 1학년 수준에서 초등학교 고학년 수준으로 올라가는 정도이기 때문에 크게 걱정하지 않아도 됩니다. 그럼 한 단계 위의 질문법에 대해서 이야기해 보도록 하겠습니다.

처음 만난 사람과도 편하게 이야기를 시작할 수 있는 '네 가지 질문'

처음 만난 사람과 대화는 누구라도 어색하기 마련입니다. 무슨 이야기부터 꺼내면 좋을지 난감합니다. 날씨 이야기, 어젯밤 뉴스, 회사 이야기, 무엇부터 시작하는 것이 좋을까요?

낯가림이 심했던 시절, 저는 처음 만난 사람과 이야기하지 않으면 안 될 상황이 되면 공황 상태에 빠졌습니다. 그러나 지금은 자연스럽게 대화를 해나갈 수 있게 되었습니다. 이제는 처음 만난 상대에게 할 질문을 미리 정해두었기 때문입니다.

누구라도 대답하기 쉽고 게다가 한번 대화가 시작되면 다음은 추임새와 반응만으로 대화가 술술 풀리는 질문이 있습니다. 그것이 바로 '네 가지 질문'입니다. 이 네 가지 질문은 여러분들도 잘 아는 질문입니다. 모두 상대의 마음을 열기 위한 질문입니다. 그럼 먼저 사용 방법에 대해서 이야기해 보겠습니다.

처음 두 가지 질문은 사는 곳과 출신 지역에 관한 것입니다. 사람들은 자신의 역사나 뿌리에 관한 질문을 받으면 거부감을 크게 느끼지 않습니다. "지금 살고 계시는 곳은 어디세요?"라는 질문에는 쉽게 그리고 바로 대답합니다.

> 나: 살고 계시는 곳은 어디세요?
> 상대: 도쿄 서쪽에 살고 있습니다.
> 나: 도쿄 서쪽이시군요. (앵무새 따라 하기)
> 상대: 완전 시골이긴 하지만….
> 나: 아, 시골이에요. (앵무새 따라 하기)

이런 식으로 앵무새 따라 하기를 하는 것만으로 대화가 술술 풀리기 시작합니다. 이야기의 폭을 더 넓히고 싶을 때는 공감을 표현하는 단어를 사용하면 더 좋습니다.

> 나: 어디 출신이세요?
> 상대: 센다이 출신이에요.
> 나: 센다이 정말 좋은 곳이죠. (공감 표현)
> 상대: 센다이 좋아하세요?
> 나: 네, 몇 번 여행으로 간 적이 있습니다.

여기서 "센다이 정말 좋은 곳이죠" 한마디가 공감을 나타내는 표현으로 이야기의 폭을 넓혀주게 됩니다. 혹시 그 지역에 대해서 잘 알지 못할 때는 "그곳은 어디쯤에 있어요?", "그곳은 뭐가 유명해요?", "그곳에서 몇 살까지 사셨어요?" 같은 질문을 이어가는 것도 좋습니다. 공감을 나타내는 적절한 표현이 얼른 생각나지 않을 때는 앵무새 따라 하기를 해도 괜찮습니다.

이쯤에서 여러분도 눈치챘으리라고 생각합니다. '사는 곳'이나 '출신'

에 관한 질문의 핵심은 꼭 그 질문에 대한 정확한 대답을 듣기 위한 것이 아닙니다. '나는 당신의 배경에 관심이 있다'는 태도를 보임으로써 상대가 자신의 마음을 열게 하는 것에 목적이 있습니다.

따라서 상대가 이야기한 지역에 관한 충분한 지식이 없어도 됩니다. 단지 '당신에 대해서 알고 싶습니다'라는 느낌이 전달되기만 한다면 그것으로 충분합니다.

'당신에게 흥미가 있습니다'를 드러내는 '일'과 '취미'에 관한 질문

이제 상대의 마음을 더욱 활짝 열 수 있는 질문을 해보도록 하겠습니다. 남은 두 개의 질문은 '일'과 '취미'에 관한 것입니다. '나는 지금 현재의 당신에게 관심이 있다'는 것을 나타내는 질문입니다.

사람들은 모두 현재를 살고 있습니다. 그렇기 때문에 과거에 대한 관심과 마찬가지로 아니 그 이상으로 대화 상대가 지금의 자신에게 흥미를 보이면 반가워합니다.

따라서 일은 '어떤 일을 하고 계십니까?', 그리고 취미는 '뭐를 좋아하십니까?', '최근에 재미있게 하고 계시는 것이 있습니까?'라는 식의 질문을 하면 대화가 쉽게 풀립니다.

나: 어떤 일을 하고 계십니까?

상대: 자동차 영업을 하고 있습니다.

나: 아! 자동차 영업을 하고 계시군요. (앵무새 따라 하기)

상대: 네, 그렇습니다. 할당 목표가 높아서 힘듭니다.

나: 그렇군요. 할당 목표가 높군요. (앵무새 따라 하기)

어느 정도 서로 자기소개를 한 후, 대화의 진행은 앞에서 소개한 대화 방법과 동일합니다. 자신의 이야기는 되도록 줄이고 상대가 더 많은 이야기를 할 수 있도록 추임새를 넣고 '앵무새 따라 하기'를 하는 것이 중요합니다.

'네 가지 질문'은 어디까지나 대화의 시작일 뿐입니다. 이야기가 본격적으로 시작된 후에는 듣고 또 듣고 계속해서 듣는 것입니다. '대화의 90%는 듣는다'는 마음가짐이 중요합니다.

득을 보는 사람의 대화법

'네 가지 질문'을 실마리로 하여
이야기를 점점 더 넓혀나간다.

처음 만나는 사람과 대화할 때는 질문을
미리 정해두면 이야기하기가 편해진다.

① 사는곳

② 출신

살고 계시는 곳은 어디세요?

요코하마에 살고 있습니다.

어디 출신이세요?

고베 출신입니다.

③ 직업

④ 취미

어떤 일을 하고 계세요?
자동차 영업을 하고 있습니다.

어떤 취미를 가지고 계세요?

제 취미는 우표 수집입니다.

'네 가지 질문'으로 '저는 당신에게 관심이 있습니다'
라는 생각을 전달한다.

'네 가지 질문'으로도 대화가 잘 풀리지 않을 때는 이야기를 옆으로 살짝 돌려(횡적 슬라이드) 상대의 감정을 살핀다

'네 가지 질문'이 별로 효과가 없는 상대에게는 평소에 익숙한 질문을 해보자

　대부분 사람은 출생지, 직업, 취미 등에 관한 질문을 받으면 별 거부감 없이 잘 대답해줍니다. 그러나 가끔은 이런 질문을 해도 전혀 감정의 움직임을 보이지 않고 이야기가 잘 풀리지 않을 때도 있습니다.

　특히 지금 하고 있는 일이나 취미에 관해서 기분 좋은 대답이 돌아오지 않을 때는 질문을 살짝 옆으로 돌려보는 것도 좋습니다. 예를 들어, 취미에 관한 질문은 "요즘 하고 싶으신 것이 있으신가요?"라거나 "최근에 자주 가시는 곳이 있으신가요?"라고 질문을 살짝 돌려서 해보기 바랍니다. 가끔은 "아무것도 하고 있지 않습니다"라는 대답이 돌아오는 경우가 있습니다.

　이것은 개인적으로 '(다른 사람들에게 자랑할 만한 것이) 아무것도 없어요'라는 의미일 뿐이며, 정말로 아무것도 하고 있지 않다는 뜻이 결

코 아닙니다. 이런 사람에게는 '어떤 영화를 좋아하십니까?', '어떤 음악을 듣고 계십니까?', '댁에 계실 때는 평소 뭘 하십니까?' 같은 평소 익숙한 질문으로 바꿔보기 바랍니다.

이따금 일에 관한 이야기에 한해서 특히 반응이 좋지 않은 사람도 있습니다. 실직했다든지, 지금 하고 있는 일에 만족을 못 한다든지 하는 사람은 이런 질문에 대해 거북해할 수 있습니다.

이런 사람에게는 "혹시 뭔가 해보고 싶으신 일이 있나요?"라고 이야기를 옆으로 살짝 돌리면 반응을 보이기도 합니다. 그러면 "언젠가는 ○○ 같은 일을 해보고 싶습니다" 등의 대답이 돌아오거나 합니다.

이와 같이 네 가지 질문을 기본으로 해서 질문을 하게 되면 어느 한 지점에서 상대의 감정이 움직이는 순간이 나타납니다. 목소리가 살짝 커지거나 표정이 부드러워지거나 신나 보이거나 하는 순간이 바로 그때입니다. 그럴 때가 바로 상대의 감정이 움직이는 순간입니다.

그 순간을 잡아냈다면 바로 그 내용에 관한 질문을 더 깊게 구체적으로 해보기를 바랍니다. 질문을 옆으로 살짝 바꾸는 것을 '횡적 슬라이드 질문'이라고 한다면 같은 내용에 관해서 좀 더 깊게 들어가는 질문은 '종적 슬라이드 질문'이라고 할 수 있습니다. '종적 슬라이드'에 관해서는 다음 꼭지에서 자세하게 설명하겠습니다.

득을 보는 사람의 대화법

> 횡적 슬라이드 질문으로
> 상대의 감정이 움직이는 순간을 잡아낸다.

135

자신이 더 잘 아는 이야기라 하더라도
모르는 체하면서 듣는다

'종적 슬라이드 질문'을 할 때에는 '5W1H'를 사용한다

'이 사람은 이 부분에 대해서 흥미가 있는 것 같다'라고 느꼈다면 질문을 좀 더 깊게 하도록 합니다.

학생 시절에 배웠던 '5W1H'를 사용합니다. '5W1H'는 'Who(누가), When(언제), Where(어디서), What(무엇을), Why(왜), How(어떻게)'를 나타내는 말입니다. 취미에 5W1H를 더해서 종적 슬라이드 질문을 한다면 이런 느낌의 질문이 될 것입니다.

나: 요즘 뭔가 재미있게 하시는 게 있으세요? (What)

상대: 요즘 드론에 빠져 있어요.

나: 아! 언제부터 하기 시작하셨어요? (When)

상대: 작년 여름부터 시작했어요.

나: 어떤 계기라도 있으셨어요? (Why)

상대: 친구가 권해서 하기 시작했어요.

나: 친구가 권하셨군요. 어디서 하고 계세요? (Where)

상대: 집 근처에 드론 조종하는 사람들이 모이는 곳이 있거든요.

나: 오! 어떤 식으로 하는 거예요? (How)

여기에다 2장과 3장에서 소개한 추임새와 반응을 추가하면 이런 느낌이 됩니다.

나: 요즘 뭔가 재미있게 하시는 게 있으세요? (What)

상대: 요즘 드론에 빠져 있어요.

나: 와! 취미로 드론을 한다는 이야기는 처음 들었어요! 언제부터 하기 시작하셨어요? (아·야·오·와·햐 감탄사의 법칙 & 눈이 튀어 나올 듯이 & 격찬 & When)

상대: 작년 여름부터 시작했어요.

나: 여름부터군요. 어떤 계기가 있으셨어요? (앵무새 따라 하기 & Why & 앞으로 쓰러질 듯이)

상대: 친구가 권해서 하기 시작했어요.

나: 아! 친구가 권하셨군요. 어디서 하고 계세요? (아·야·오·와·햐 감탄사의 법칙 & 앵무새 따라 하기 & Where)

상대: 사실 이 근처에 드론 조종하는 사람들이 모이는 곳이 있거든요.

나: 야! 그런 이야기는 처음 들었어요! 어떤 식으로 하는 거예요? (아·야·오·와·햐 감탄사의 법칙 & 뒤로 넘어질 듯이 & 격찬 & How)

'종적 슬라이드 질문'을 할 때는 말 그대로 상대의 이야기를 점점 더 깊게 파고 들어간다는 생각으로 해야 합니다. 당신의 의견을 이야기한다거나 조언을 할 필요가 없습니다.

오로지 5W1H를 기본으로 질문을 계속해가면 됩니다. 가끔 상대보다 자신이 더 자세하게 알고 있는 경우가 있을 수도 있습니다. 그럴 때는 전혀 알지 못하는 것처럼 종적 슬라이드 질문으로 차분하게 상대의 이야기를 들으십시오. 상대보다 당신이 더 자세하게 알고 있다는 것을 알게 되면 상대가 갑자기 위축되어 버리는 경우가 있기 때문입니다.

상대가 틀렸더라도 상대방의 이야기를 가로챈다거나 '저의 경우는…'과 같이 동등하게 대화의 무대 위에 올라가서는 안 됩니다. 모든 대화에서도 마찬가지지만 어떤 점에 대해서 아무리 자신이 더 자세하게 알고 있다고 하더라도 다른 사람이 하는 이야기 속에서 자신이 모르는 새로운 점을 발견할 수 있는 법입니다.

상대의 이야기 속에서 보물을 찾는다는 기분으로 경청을 하고 있으면 이제껏 당신이 알지 못했던 새로운 것을 발견할 수 있습니다. 그러므로 자신의 이야기에만 집중하지 말고 상대가 이야기하게 하십시오.

'상대와 절대로 같은 무대 위에 오르지 않는다.'

이 점 명심하기 바랍니다.

득을 보는 사람의 대화법

사람들이 하는 이야기 속에서
늘 새로운 것을 발견할 수 있다는 생각으로 듣는다.

6장

실천! '100% 득을 보는 대화법'

36

'득을 보는 대화법'의 성공과 실패 유형

득을 보는 사람과 손해를 보는 사람의 차이

지금부터는 3장~5장에서 터득한 추임새, 반응, 질문법을 곁들여 상대가 기분 좋게 무대 위에서 연기할 수 있도록 하는 대화 사례를 소개하겠습니다.

특히 '자주 하게 되는 실수 사례', '의외로 득을 보는 사례' 등을 상황별로 소개하겠습니다. 물론 사례를 그대로 따라 한다고 해서 대화가 술술 풀리는 것은 아닙니다만 '아 역시 이런 느낌이구나? 그렇다면 나도 할 수 있을 것 같은데…'라는 생각이 든다면 정말 다행이라고 생각합니다.

흥분한 사람에게는 '앵무새 따라 하기'로 생각을 정리하게 만든다

흥분한 사람과 이야기할 때는 '앵무새 따라 하기'가 효과적입니다. 다음의 예처럼 상사가 약간 흥분해 있더라도 '앵무새 따라 하기'를 하면 자연스럽게 흥분이 가라앉게 됩니다.

(나쁜 사례)

상사: 아라이 씨, 총무과에서 이번 아라이 씨 미국 출장이 안 된다고 하던데.

아라이: 그거 큰일이네요!

상사: 여태껏 이번 같은 출장 사례가 없었다던데.

아라이: 아니 그래서 어떻게 좀 해주길 바랐는데요.

상사: 그렇게 이야기해서 될 일인가?

아라이: 이 회사는 영업으로 먹고사는 회사인데. 부장님이 한번 좀 세게 이야기해 주세요.

상사: 자네 지금 뭐라는 거야? 그렇게 이야기하려면 당신이 직접 가서 해.

(좋은 사례)

상사: 아라이 씨, 총무과에서 이번 아라이 씨 미국 출장이 안 된다고 하던데.

아라이: 안 된다는 거네요. (앵무새 따라 하기)

상사: 여태껏 전례가 없었다던데.

아라이: 여태껏 이런 전례가 없었다는 말이군요. (앵무새 따라 하기)

상사: 그렇게 따지기 시작하면 한도 끝도 없지. 이 회사는 영업이 받쳐줘야 하는 회사인데.

아라이: 그러니까요. 영업이 회사를 떠받치고 있는데. (앵무새 따라 하기)

상사: 역시 내가 다시 한번 가서 담판을 지어야겠구먼.

아라이: 부장님 좀 부탁드립니다.

좋은 대화의 사례를 보면 알 수 있듯이 아라이는 전혀 자기 의견을 이야기하지 않고 있습니다. 단지 그냥 상사의 말을 그대로 따라 하고 있을 뿐입니다. 그것만으로 상사는 자기 생각을 정리하고 다시 한번 담판을 하러 가는 용기를 얻게 되었습니다. 이처럼 '앵무새 따라 하기'는 상대가 자신의 생각을 다시 한번 정리하도록 하게 하는 효과가 있습니다.

심리학적으로 이야기하자면 사람들은 자신의 생각을 깔끔하게 정리해주는 사람에게 고마워하는 경향이 있습니다. 이야기를 하는 사람 쪽이 '할 수 있다면 보답을 하고 싶다'라는 생각을 갖게 되는 것입니다. 이것이 득을 보는 대화법의 가장 좋은 사례입니다.

득을 보는 사람의 대화법

'앵무새 따라 하기'로 상대가 자신의 생각을
정리하게 만들면 보답을 받는다.

변덕스럽고 바로 화를 내는 사람에게는 '앵무새 따라 하기'로 자신의 이야기가 터무니없다는 것을 깨닫도록 한다

'앵무새 따라 하기'를 하면 왜 상대가 자신의 말이 앞뒤가 맞지 않다는 점을 깨닫는가?

갑자기 화를 내는 상사나 직장에서 자신을 괴롭히는 선배에게도 '앵무새 따라 하기'는 효과적입니다.

(나쁜 사례)

상사: 아라이 씨, 이 고객에게 가서 사정 설명을 좀 하고 와.

아라이: 무슨 설명을 해야 합니까?

상사: 어쨌든 그냥 사죄하고 와.

아라이: 지금 일이 많아서 다른 일을 할 여유가 없는데요.

상사: 당신이 가네 못 가네 할 권한이 어디 있어. 일단 빨리 갔다 와.

아라이: 음⋯. 네⋯ 네⋯.

(좋은 사례)

상사: 아라이 씨 이 고객에게 가서 사정 설명을 좀 하고 와.

아라이: 네, 사정 설명을 하면 되는 거죠? (앵무새 따라 하기)

상사: 그래 이 고객 지금 엄청 화가 나 있거든.

아라이: 그렇군요. 지금 화가 많이 나 있다는 말이죠? (앵무새 따라 하기)

상사: 음, 아라이 씨는 일이 많아서 부담이 클 수도 있겠는데…. 다른 직원을 보낼까?

무서운 상사일수록 '앵무새 따라 하기'는 정말 효과가 좋습니다. 왜냐하면 자신이 무리한 이야기를 하고 있다는 것이 '앵무새 따라 하기'에 의해서 드러나기 때문입니다. 그리고 듣는 쪽이 '앵무새 따라 하기'를 하는 동안 상대는 점점 입을 다물기 시작합니다.

핵심은 상대에게 창피를 줘야겠다거나, 당신의 말은 앞뒤가 맞지 않다는 것을 깨닫게 해야겠다는 심술궂은 생각을 하지 말아야 한다는 것입니다. 상대를 이야기 무대 위로 올리고, 나는 밑에서 오로지 스포트라이트를 비추고 있는 모습만 상상하면서 대화하십시오.

이런 경우에도 '이 사람 조금 있으면 죽는데…'라는 상상을 하면서 들으면 효과적입니다. '이 상사도 언젠가는 죽을 텐데 나에게 혼신의 힘을 다해 화를 내주고 있구나'라고 생각하면 쌓였던 불만이 조금은 가라앉을 것입니다.

 **득을 보는 사람의 대화법**

'앵무새 따라 하기'로 말의 앞뒤가 맞지 않다는 점을 깨닫도록 하게
하면 상대는 스스로 고쳐나간다.

자신을 괴롭히는 직장 상사에게는 앵무새 따라 하기가 효과적

나쁜 사례	좋은 사례

아라이 씨, 이 고객에게 찾아가서 사정 설명을 좀 하고와.

무슨 설명을 해야 합니까?

아라이 씨, 이 고객에게 찾아가서 사정 설명을 좀 하고와.

네 사정 설명을 해야 하는 거군요.

그냥 사죄하고 와.

지금 일이 많아서 다른 여유가 없는데요.

이 고객 지금 엄청 화가 나 있으니까.

그렇군요. 지금 화가 많이 나 있군요.

당신이 가네 못 가네 할 권한이 어딨어! 일단 빨리 갔다 와!

…

음, 아라이 씨는 지금 무리인가? 누구 다른 직원 없나?

잘됐다.

터무니없이 화를 내는 사람에게는 '앵무새 따라 하기'로 자신의 상태를 깨닫도록 하게 한다.

부하나 학생과 이야기할 때는
자신의 의견을 일절 말하지 않는다

사람들은 다른 사람이 아닌 자신이 한 말에 스스로 납득이 됐을 때 행동하기 시작한다

한 컨설팅 회사가 세계 15개국(지역)을 대상으로 실시한 조사에 따르면, 일본은 중국과 홍콩 그리고 태국에 이어 부하보다 상사 쪽이 이야기하는 시간이 길다고 합니다. 이 데이터로 알 수 있듯이 자신이 훨씬 더 많이 알고 있다고 생각하기 쉬운 상사일수록 자신의 생각을 이야기해 버리는 경향이 있습니다. 그러므로 아랫사람과 이야기할 때는 의식적으로 '상대가 이야기하게' 하십시오.

다음 사례는 제가 지도하는 N부장이 실제로 부하와 나눈 대화입니다.

(나쁜 사례)

부하: 부장님 A사 프레젠테이션 준비로 아침까지 밤을 새워서 지금 잠깐 눈을 좀 붙였으면 하는데요.

N부장: 어? 철야한다는 이야기는 듣지 못했는데.

부하: 죄송합니다. 하지만 자료 준비가 상당히 잘되었습니다. 좀 봐 주시겠습니까?

N부장: (이야기를 막으며) 당신 바보야? 그런 자료 준비보다 접대 한 방이면 끝나는 일을.

부하: 아니 경쟁하는 회사도 있고 지금은 그런 시대가 아니라서….

이 대화 후에 부하는 회사를 그만두고 그 안건도 없던 일이 되어버렸다고 합니다.

그럼 N부장은 어떤 식으로 대응하는 것이 좋았을까요?

(좋은 사례)

부하: 부장님 A사 프레젠테이션 준비로 아침까지 밤을 새워서 지금 잠깐 눈을 좀 붙였으면 하는데요.

N부장: 밤을 새웠구먼. (앵무새 따라 하기)

부하: 죄송합니다. 하지만 자료 준비가 상당히 잘된 것 같은데 좀 봐 주시겠습니까?

N부장: 음, 자료 준비가 잘되었다는 말이지? (앵무새 따라 하기)

부하: 우리와 경쟁하는 회사도 있고 해서 자료를 몇 번이나 수정해서 잘 다듬어 봤습니다.

N부장: 오! 몇 번이나 수정해서 다듬었구먼! 잘했네! (아·야·오·와·하 감탄사의 법칙 & 앵무새 따라 하기 & 격찬)

부하: 네!

이와 같은 대화가 이루어진다면 부하의 사기도 올라갈 뿐만 아니라 더욱 성장하게 됩니다.

선생님과 학생 사이의 대화를 보도록 하겠습니다.

(나쁜 사례)

선생님: 진학할 대학은 생각하고 있어?

학생: ○○대학 의학부를 생각하고 있습니다.

선생님: 음, 지금 너의 성적으로는 좀 어렵지 않겠어? 공부를 좀 더 해야겠는데.

학생: 저 역시 조금 부족하다고 생각합니다.

선생님: 왜 의학부에 가고 싶어? (Why)

학생: 의사가 되면 돈을 많이 벌 수도 있고….

선생님: 꼭 그렇지만은 않은 것 같은데…. 대학병원이든 개업의든 요즘은 힘들다던데….

학생: …. (두 번 다시 상담은 안 할 거예요.)

(좋은 사례)

선생님: 진학할 대학은 생각하고 있어?

학생: ○○대학 의학부를 생각하고 있습니다.

선생님: 오! 의사가 되고 싶다는 말이지. 왜 의사가 되고 싶어? (아·야·오·와·햐 감탄사의 법칙 & Why)

학생: 멋있기도 하고 돈도 많이 벌 수 있을 것 같아서요.

선생님: 멋있어 보이고 돈도 많이 벌 수 있을 것 같다는 거구나. (앵무새 따라 하기)

학생: 사람의 생명을 구하는 일이고 저도 누군가에게 도움이 되고 싶습니다.

선생님: 오! 사람들에게 도움이 되는 일을 하고 싶어 하는구나. (아·야·오·와·햐 감탄사의 법칙 & 앵무새 따라 하기)

학생: 그렇습니다. 열심히 하겠습니다! (열심히 해보고 싶은 의지가 생겼다!)

　자신의 부하나 학생이라고 하더라도 대화의 90%를 상대방이 하게 만들면, 상대가 스스로 생각하고 납득해 행동하는 것입니다. 주의할 점은 당신의 의견을 피력하지 않아야 한다는 것입니다. 사람들은 스스로 생각하고 행동한 결과에 대해서는 긍정적으로 받아들일 수 있으므로 듣는 사람의 의견은 필요 없습니다.

득을 보는 사람의 대화법

> 대화의 90%를 부하나 학생이 하게 만들면
> 자발적으로 행동하게 된다.

가능성이 있어 보이는 고객과 이야기할 때는
일단 상품에 대한 것은 잊어버린다

'네 가지 질문'을 시작으로 해서 대화가 고조되는 것에만 집중
해서 이야기한다

"가능성이 있어 보이는 고객과 대화할 때는 처음부터 상품에 대한 이
야기는 하지 않는다."

이것이 철칙입니다. 먼저 네 가지 질문을 시작으로 상대의 근황을 물
어보는 것으로부터 시작합시다. 중요한 점은 '상대의 인생에 스포트라
이트를 맞추는 것'에 집중하는 것, 즉 상품 이야기는 일단 잊는 것입니
다. 가능성이 있어 보이는 고객의 기쁨과 만족만을 생각하면서 이야기
를 듣는 것입니다. 그럼 바로 살펴보도록 하겠습니다.

(나쁜 사례)

영업 사원: 오늘 잘 부탁드리겠습니다.

고객: 저야말로 잘 부탁드립니다.

영업 사원: 오늘은 날씨가 참 좋네요.

고객: 그렇네요.

영업 사원: 우리 회사의 서비스 제안 자료를 가지고 왔습니다만 지금 바로 설명해드려도 되겠습니까?

고객: 지금 당장은 별로 어려움이 없는데….

영업 사원: 그렇습니까? 그래도 괜찮으시다면 한번 설명을 드리고 싶은데….

고객: …. (두 번 다시 오지 마!)

가능성이 있어 보이는 고객과 이야기할 때 효과적인 것이 5W1H 질문입니다. 상대가 소중하게 생각하고 있는 가치관을 찾아내 이야기해주면 상대는 고마워하게 되고 결과적으로 본인의 영업도 잘 풀리게 됩니다.

(좋은 사례)

영업 사원: 지난번에는 귀중한 시간을 내주셔서 정말 감사합니다. (머리를 정중하게 숙인다.) (삼각건 멘탈)

고객: 아닙니다. 저야말로 감사했습니다.

영업 사원: 귀중한 시간을 빼앗아서 죄송합니다만 ○○님 요즘 하시는 일은 어떻게 순조로우십니까? 특별한 일은 없으십니까? (What)

고객: 뭐랄까? 상황이 좋은건지 나쁜건지. 해야 할 일은 많은데 요즘 젊은 직원들 중에는 자기 방식을 주장하는 사람들이 많다고 할까?

영업 사원: 자기 방식을 주장하는 젊은이들이 많군요! (앵무새 따라 하기)

고객: 그렇다니까요! 고객과의 회식 약속이 있는데도 개인적인 일이 있다고 퇴근해버리기 일쑤고 회식을 할 때는 고급 칵테일을 시키지 않나….

영업 사원: 그런가요? 요즘 젊은이들은 그냥 퇴근해 버리는군요. (앵무새 따라 하기)

고객: 고객이 회식을 하자라는 하는 말은 마지막으로 계약을 하고 싶다는 말이잖아요? 옛날 이야기해봐야 소용없다는 걸 알지만 우리 때는 기뻐 신바람이 나서 달려갔는데 말이에요.

영업 사원: 그렇습니까? 계약이 성사될 것 같으면 신바람이 나서 회식에 가시는군요. 공부가 되었습니다! (앵무새 따라 하기 & 격찬)

고객: 그렇다니까요. 알고 있을까요? 회식 자리에서의 커뮤니케이션이 영업에서 얼마나 중요한지를!

영업 사원: 회식 자리에서의 커뮤니케이션이 영업에서 정말 중요한 일이군요! (앵무새 따라 하기)

고객: 당신하고는 조금 이야기가 통하네요. 이전에 당신이 제안한 그일 좀 부탁해도 될까요?

영업 사원: 아! 저희가 맡아도 되겠습니까? 고객님의 회사처럼 영업이 강한 회사야말로 정말 필요한 서비스라고 생각합니다! 감사합니다.

고객: 그래요. 가격이 얼마였죠?

이 대화에서 '공부가 되었습니다!'는 '그런 이야기는 처음 들었습니다!' 하고 거의 비슷한 의미입니다. What 질문으로 가능성이 있는 고객의 가치관(회식 자리에서의 소통은 영업 현장에서는 굉장히 중요하다)을 찾아낸 후 '공부가 되었습니다'라는 표현으로 상대의 가치관을 인정해줍니다.

이러한 일련의 흐름에 의해서 고객과 영업 사원과의 거리가 단숨에 가까워지고 마지막에는 영업 사원이 이야기를 꺼내지도 않았는데도 고객은 제안한 상품에 관심을 가지게 되었습니다. 조금 난도가 높긴 하지만 꼭 시도해보기 바랍니다. 거짓말처럼 영업이 술술 잘 풀립니다.

 **득을 보는 사람의 대화법**

상대의 가치관을 찾아낸 후 긍정해주면
100% 'YES'라는 대답이 돌아온다.

가능성이 있어 보이는 고객과 이야기할 때는
자신이 먼저 상품 이야기를 꺼내지 않는다.

요즘 상황은 좀 어떠십니까?

일은 많은데 요즘 젊은이들은 마이 페이스라서.

마이 페이스군요!

고객과 회식 약속이 있는데도 도중에 가 버린다니까요.

요즘 젊은이들은 가 버리는군요.

고객과의 회식은 계약 최종 단계거든요.

계약이 성사될 것 같으면 신바람이 나서 회식에 가시는군요. 공부가 되었습니다!

회식 자리의 소통은 영업에 필수예요.

회식 자리의 소통은 영업에 필수군요!

당신하고는 이야기가 조금 통하네요. 당신이 제안한 제품 가격이 얼마예요?

감사합니다.

나중에 견적서 보내주세요.

5W1H 질문으로 고객 본인이 미처 생각하지 못하고 있는 희망 사항을 찾아낸다

자신이 정말 원하는 것이 무엇인지를 깨닫지 못하는 고객도 적지 않다

접객 업무도 먼저 고객이 상품을 어디에 뭘 위해서 사용하고 싶어 하는지 어떤 식으로 사용하고 싶어 하는지를 듣는 것으로부터 시작합니다. 5W1H 질문으로 상대가 소중하게 생각하고 있는 가치관을 찾아내서 이야기를 넓혀갑니다.

(나쁜 사례)

고객: 저기요. 컴퓨터를 사고 싶은데요….

점원: 어서 오세요. 좋은 기종이 있는데….

고객: 그래요?

점원: 이번 가을에 고사양 컴퓨터가 한정 모델로 나온 게 있는데, CPU도 최신형이고 외장도 모던한 블랙이라서….

고객: 음, 잘 모르겠는데. 나중에 다시 한번 들를게요.

(좋은 사례)

고객: 저기요. 컴퓨터를 사고 싶은데요….

점원: 어서 오세요. 어떤 용도로 사용하실 겁니까? (What)

고객: 인터넷 비지니스를 시작하려고 하거든요.

점원: 인터넷 비지니스군요! 대단하시네요! 괜찮으시다면 어떤 식으로 사용하실 생각이신지 물어봐도 되겠습니까? (앵무새 따라 하기 & 격찬 & How)

고객: 카페에서 사용하고 싶은데….

점원: 카페에서 사용하고 싶으시군요. 멋지시네요! (격찬 & 앵무새 따라 하기)

고객: 예전부터 해보고 싶었던 일이거든요. 집에서는 애들도 있고 여러 가지 제약도 많고….

점원: 아! 예전부터 해보고 싶었던 일이시군요! (앵무새 따라 하기)

고객: 네, 맞아요! 그래서 노트북을 구입하려고요.

점원: 네, 알겠습니다. 노트북이라면 지금 고사양 한정 모델이 출시된 게 있는데….

고객: 네, 그걸로 하겠습니다.

득을 보는 사람의 대화법

> 5W1H 질문으로 고객이 진짜 원하고 있는 점을 찾아내면 최적의 제품을 제공할 수 있고 고객은 고마워한다.

접객 업무가 뛰어난 사람은 5W1H 질문을 능숙하게 사용한다.

저기요. 컴퓨터를 사고 싶은데요….

컴퓨터를 구입하시려는 목적이?

인터넷 비지니스를 시작하려고 하거든요.

인터넷 비지니스군요! 대단하시네요! 어떤 식으로 사용하실 생각이십니까?

카페에서 사용하고 싶은데….

카페에서 사용하고 싶다…. 멋지시네요!

예전부터 동경해 온 일이거든요.

아! 예전부터 동경하던 일이시군요!

그래서 노트북을 구입하려고요.

네, 알겠습니다. 노트북이라면 고사양 한정 모델이….

그걸로 할게요.

감사합니다.

모임에서 구태여 자신을 돋보이려 하지 않는다

모두가 자신을 돋보이려고 하는 곳에서야말로 '무대 위에서 내려오는 사람'이 빛난다

친목회나 세미나에서 도출된 결론이 업무에 도움이 되는 경우가 종종 있습니다. 모임을 업무나 인생에 유용하게 활용하는 사람과 그렇지 못하는 사람이 있는데, 대화 방법이 그 차이를 결정 짓는 중요한 점입니다.

행사에서 모두가 자신을 돋보이려고 하는 곳에서야말로 평소보다 더 '무대 위에서 내려오는 것'과 '스포트라이트를 상대에게 비추는 것'을 의식하면 일이 잘 풀립니다. 세미나장에서 알게 된 사람들끼리 나누는 대화를 예로 들어 보겠습니다.

(나쁜 사례)
A: 안녕하세요? 저는 웹 마케팅을 하고 있는데 명함을 좀 드려도 될까요?
B: 네.

A: 많은 분들의 웹 마케팅 사업을 돕고 있는데 혹시 주변에 판매에 어려움을 겪고 계신 분들이 있으면 꼭 소개 좀 부탁드립니다.

B: 네…. (언죽번죽 말 잘하네.)

A: 아! 혹시 페이스북 하고 계시나요? 제가 하고 있는 활동들을 페이스북에 올려놓았는데 나중에 페친 신청할게요.

B: …. (이 사람에게는 되도록이면 부탁 같은 거 하지 말아야지.)

(좋은 사례)

A: 안녕하세요? 어디서 오셨어요? (Where)

B: 요코하마에서 왔습니다.

A: 요코하마에서 오셨군요! 저도 정말 좋아하는 곳입니다. (격찬)

B: 감사합니다.

A: 어떤 일을 하고 계십니까? (what)

B: 유튜버를 하고 있습니다.

A: 야! 요즘 대세인 유튜버! 멋지시네요!' (아·야·오·와·햐 감탄사의 법칙 & 앵무새 따라 하기 & 격찬)

B: A씨는 어떤 일을 하세요?

A: 웹마케팅을 하고 있습니다.

B: 웹마케팅을 하고 계세요? 고객이 안 늘어서 걱정인데 나중에 상담 한번 해 주시겠습니까?

A: 물론이죠! 언제든지 괜찮습니다.

 **득을 보는 사람의 대화법**

자신을 돋보이려 하지 말고 상대가 이야기하도록 하게 하면
상대도 당신에게 관심을 갖게 된다.

'득을 보는 대화법'을 터득하면 왜 인기를 얻게 되는가?

동료나 연인 누구나 할 것 없이, 사람들은 자신의 이야기를 진
심으로 들어주는 사람에게 호감을 갖는다

'득을 보는 대화법'을 터득하고 나서 인기가 급상승한 사람이 많이 있
습니다. 그런 사람들은 어떻게 대화를 하는 걸까요? 퇴근 후 식사 자리
에서 한 대화 사례입니다.

(나쁜 사례)
남자 친구: 오늘도 회사 일 때문에 힘들었어.
여자 친구: 나도 힘들었는데.
남자 친구: 고객이 항의를 해서…. 내 책임도 아닌데 창구에 있는 나한테 노발
대발 화를 내잖아.
여자 친구: 그랬구나. 나도 오늘 고객에게 한 소리 들어서 영 기분이 안 좋네.
남자 친구: 그래?

여자 친구: 울음이 나올 것 같으니까 위로 좀 해줘.

남자 친구: 아니야. 그럴 때는 성심껏 사과하면 오히려 평가가 좋아지거든. 나도 오늘 그랬다니까.

여자 친구: 싫어. 나는 그런 고객한테는 사과하고 싶지 않아!

남자 친구: 그래…. (일부러 기분 좋은 이야기를 하고 싶었는데….)

(좋은 사례)

남자 친구: 오늘도 회사 일 때문에 힘들었어.

여자 친구: 힘들었구나. (앵무새 따라 하기)

남자 친구: 고객이 항의를 해서. 내 책임도 아닌데 창구에 있는 나한테 노발대발 화를 내잖아.

여자 친구: 응? 자기 책임도 아닌데 그랬단 말야? (앵무새 따라 하기)

남자 친구: 그렇다니까. 고객이 화가 난 것은 이해하지만 실제로 어이없는 실수를 한 건 후배인데 딱 시치미를 떼버리고 대신 나만 싹싹 빌고….

여자 친구: 그랬구나. 힘들었겠다. 자기가 실수한 것도 아닌데 대신 사과하고 멋지네! (공감 표현 & 격찬)

남자 친구: 진짜? 그런데 사실은 내가 성의 있는 자세로 빠르게 대처하는 모습을 보고 고객도 화를 가라앉히고 오히려 더 신뢰를 해 주더라…. 후후.

여자 친구: 야! 잘했네. (아·야·오·와·햐 감탄사의 법칙 & 격찬)

남자 친구: 고마워. 창구 업무는 내가 없으면 안 된다니까. (웃음)

여자 친구: 호호.

 **득을 보는 사람의 대화법**

연인이나 파트너와의 대화에서도
상대가 대화의 90%를 하게 만들면
애정이 더욱더 깊어진다.

많은 이야기를 하지 않아도 인상에 남는 '자기소개법'

자기소개는 60초 정도가 적당하다

자기소개가 서투른 사람들이 적지 않습니다. 그러나 학교, 직장, 세미나, 간담회, 여행 모임 등 언제 어떤 상황에서 자기소개를 요구받을지 모르는 요즘, 효과적인 자기소개를 할 수 있다면 호감도는 높아지고 나와 좀 더 이야기를 나누고 싶어 하는 상대가 늘어날 확률이 훨씬 높아집니다. 제 강의에서 가르치는 '굳이 말을 많이 하지 않아도 인상에 남는 자기소개법'을 살펴보겠습니다.

제가 지도하는 자기소개법의 핵심은 일단 '되도록 짧아야 한다'는 것입니다. 강좌에서는 5초, 30초, 60초 분량의 자기소개를 만들어 연습합니다. 60초 이상의 자기소개는 불필요하기 때문입니다.

바로 본론으로 들어가겠습니다.

① 나는 어떤 사람인지

② 내가 일이나 혹은 인생에서 관계를 맺고 싶은 사람(목표 대상)

③ 그 목표 대상이 안고 있는 과제

④ 그 목표 대상의 문제 해결에 필요한 나만의 능력과 기술

⑤ 그 사람의 문제를 내 능력으로 해결했을 때 생기는 가치

⑥ 그 상대와 내가 관계를 맺게 되면 어떤 좋은 점이 있는지

⑦ 자신의 미래상(이 세상을 어떻게 바라보고 있는지)

이 일곱 가지 요소를 잘 조합해서 60초로 정리할 수만 있다면 상당히 깔끔한 자기소개가 가능합니다. 참고로 저의 60초 분량 자기소개는 이렇습니다.

고베에서 온 아라이라고 합니다.①

저는 꿈을 이루는데 필요한 정신 자세를 지도하는 일을 하고 있으며②, 매일매일 하고 싶은 것이 있지만 잘되지 않는다든지, 아예 여태껏 정말 하고픈 일을 찾지 못하는 사람들③에게 1대 1 지도를 통해서 그것을 찾아내고④ 실제로 그 일을 해나갈 수 있도록 돕고 있습니다.⑤

저의 지도는 상당히 높은 확률로 하고 싶은 일을 찾아 할 수 있게 된다는 것이 특유의 장점이며⑥, 여러분 한 사람 한 사람이 건강해지고 그로 인해 주변 사람들도 같이 건강해지고 더 나아가서 일본 전체가 건강해지는 것을 목표로 활동하고 있습니다⑦. 앞으로 잘 부탁드립니다.

이 문장을 ①+② 만으로 구성하면 5초 분량, ①~⑤ 는 30초 분량이 되는데 어떻습니까? 한번 문장을 정리해놓으면 몇 번이라도 쓸 수 있고 자기소개 때마다 뭘 이야기해야 좋을지 긴장할 필요도 없기 때문에 강력히 추천합니다.

그럼 위에서 60초 이상의 자기소개는 불필요하다고 말씀드렸는데 그렇게 말한 데에는 이유가 있는데, 사람들은 그렇게 오래 집중해서 다른 사람의 이야기를 듣고 있지 않기 때문입니다. 인간의 단기 기억은 수십 초 정도밖에 되지 않는다고 합니다. 따라서 길게 이야기하면 할수록 상대방의 기억에 남지 않게 되는 것입니다.

　실제 한 실험에 의하면 다른 사람의 자기소개를 듣고 '이 사람 괜찮은 사람이네'라고 생각하기까지는 40초 정도 걸린다고 합니다. '이 사람 이야기를 들어보고 싶다'라고 판단하기까지 대략 7초, 그때부터 신중하게 듣기 시작해서 10초 정도, '이 사람과 관계를 맺어 보고 싶다'라고 생각하기까지 10~20초 정도가 걸리고, 다 해서 결국 겨우 30~40초 사이에 사람들은 '그 사람과 조금 더 이야기해보고 싶은지 아닌지'를 결정하는 것입니다.

　얼마 전에도 한 수강생이 파티에서 자기소개를 할 기회가 있었다고 합니다. 그때 많은 사람들이 자신보다 이것저것 많이 충분히 이야기한 것 같았는데 오히려 정작 짧게 여운을 남기고 자기소개를 한 그녀에게 사람들이 제일 많이 말을 걸어왔다고 합니다.

　"구체적으로 어떤 일을 하고 계십니까?"

　"좀 더 자세하게 이야기를 들려 주시겠습니까?"

　이렇게 말을 걸어 왔고 나중에 거래로 이어졌다고 합니다.

　자기소개는 2분, 3분 이야기하지 않아도 됩니다. 60초 정도가 딱 좋습니다. 꼭 기억해두기 바랍니다.

 **득을 보는 사람의 대화법**

자기소개 할 때 일곱 가지 요소에 기초해서
60초 정도 이야기하면 사람들이 먼저 말을 걸어온다.

'득을 보는 대화법'을 터득하면 인생이 바뀌는 이유

이 책을 마지막까지 읽어주셔서 진심으로 감사드립니다. 이 책을 단숨에 다 읽고 지금부터 실천해보고자 한 사람도 있고, 조금씩 읽어가며 실전에서 사용한 사람도 있을 것입니다. 책의 집필을 마친 이 순간 절실히 생각나는 것이 하나 있습니다. 그것은 제 어눌한 언변의 원인은 전부 '낮은 자기 긍정감에 있었다'는 것입니다.

'어차피 내가 이야기를 한다손 치더라도 다른 사람들이 나를 재미없는 사람이라고 생각할 거야.'

'어차피 내 이야기는 아무도 듣지 않을 거야.'

'나는 뭘 해도 잘 풀리지가 않고 가망성도 없고 쓸모도 없는 녀석이니까.'

이렇게 터무니없이 낮았던 저의 자기 긍정감을 끌어올린 것은 '대화의 무대 위에서 내려와 무대 위에서 이야기하고 있는 사람에게 관객석에서 스포트라이트를 비춘다'는 것이었습니다.

지금까지 제가 한 이야기는 폼 나는 방법일 수 있습니다. 하지만 실제로 자기 긍정감이 낮았던 제가 평소 무대 위에 오르는 것에 익숙해져 있는 달변인 사람을 상대하려면, 아니 싸우지 않으려면 스스로 무대 위에서 내려오는 것밖에 선택지가 없었습니다.

대화의 무대 위에서 내려와 이야기하고 있는 사람을 응원하는 것, 그것이 낮은 나의 자기 긍정감을 커버할 수 있는 최선의 방법이었던 것입니다.

그런데 이 방법을 고안해낸 덕에, 이야기하는 상대의 자기 긍정감이 점점 높아지게 되었습니다. 그 결과 저의 자기 긍정감도 같이 점점 높아지게 되었습니다. 그 덕택에 지금은 수천 명의 사람들 앞에서도 주눅들지 않고 당당하게 이야기할 수 있게 되었고 1대 1의 침묵도 전혀 무서워하지 않게 되었습니다.

결국 '100% 득을 보는 대화법을 터득하는 것'이 '자기 긍정감을 높이는 것'이었던 것입니다. 자기 긍정감이 높은 사람은 다른 사람들과 의사소통을 할 때 무리를 하지 않습니다. 상대가 무슨 이야기를 하는지 잘 듣고 나서 자기 생각을 말하는 것이 가능하기 때문입니다.

그래서 상대는 안심하고 이야기를 하게 되고 신뢰를 보냅니다. 그리고 그것은 좋은 결과로 이어집니다. 결국 상대의 절대적인 신뢰를 얻게 된 당신에게도 점점 좋은 일이 생깁니다. 그로 인해서 순식간에 자기 긍정감이 다시 올라가는 연속적인 순환이 일어나는 것입니다.

저도 이 '득을 보는 대화법'을 터득함으로써 정말로 인생이 확 바뀌었습니다.

'여태껏 싫었던 나 자신이 좋아지게 되었고 지금은 정말 행복하다.'

'아는 사람들이 이 대화법을 익혀 사용한 뒤로 행복해졌다. 정말 행복한 일이다.'

'여태껏 하고 싶은 것들을 참아 왔는데 참지 않아도 된다는 것을 깨달았다. 정말 행복하다.'

'모두가 웃는 얼굴이 되었다. 참 행복하다.'

'누군가가 누군가를 행복하게 해 주는 것을 본다는 것이야말로 행복한 일이다.'

'모두가 자기 인생을 열심히 살고 있다는 것을 알게 된 것이 너무 행복하다.'

모두가 아등바등하면서 열심히 살아가고 있다는 것을 알게 되면 사람들이 예뻐 보이고 사랑스럽게 보이고 점점 믿게 되는 법입니다. 왠지 위선자 같아 보이지만 인생에서 행복이라는 것이 이런 것일지도 모르겠습니다.

지금 이 순간 정말 마음속 깊이 그런 생각을 해봅니다. 인간은 모두 매시 매초 나이를 먹습니다. 저는 지금 이 순간이 제일 행복하다고 감히 이야기할 수 있습니다. 마흔이 지나서 이렇게 자신 있게 말할 수 있게 된 것을 정말 기쁘게 생각합니다. '내가 이 세상을 살아갈 만한 가치가 있나?' 오랫동안 고민했던 제가 말입니다.

지금 와서 고백하는데, 처음에는 책을 쓸까 주저했습니다. '100% 득을 보는 대화법'은 저뿐만 아니라 제가 지도하는 많은 사람들이 실천해 성공한, 이른바 '비밀 레시피' 같은 것입니다. 오해를 무릅쓰고 이야기하자면 제 인생을 걸고 고안해낸 마지막 비법을 책값만 받고 저렴하게 공개한다는 것이 조금 아깝다고 생각했습니다.

그러나 지금은 그렇게 생각하지 않습니다. '100% 득을 보는 대화법'을 공개하는 것이 많은 독자들을 행복하게 하고 결국 돌고 돌아 나에게 되돌아온다는 것을 내가 제일 잘 알고 있기 때문입니다.

'사랑의 반대는 무관심, 무관심의 반대가 사랑.'

테레사 수녀의 말입니다. 당신의 그 긍정이, 그 맞장구가, 그 질문이 누군가를 행복하게 만들고 이 세상에 사랑을 가져온다면, 그것이야말로 정말 멋진 일이라는 생각이 들지 않습니까? 꼭 이 책을 믿고 제가 소개한 여러 가지 노하우를 실천해보시기 바랍니다.

마지막으로 이 책을 쓰는 데 많은 도움을 준 분들께 감사의 말씀을 전합니다. 이 책을 계기로 여러분과, 또 여러분과 관계를 맺고 있는 분들이 모두 행복하기 바랍니다. 그리고 당신이 행복하게 만든 모든 사람들이 또 다시 다른 사람들을 행복하게 만들었으면 좋겠습니다.

감사합니다.

100% 득을 보는 대화법

1판 1쇄 인쇄 2023년 01월 16일
1판 1쇄 발행 2023년 01월 30일

이 책의 한국어판 저작권은 (주)엔터스코리아를 통한
저작권자와의 독점계약으로 고즈윈(주)에 있습니다.
저작권법에 의해 한국 내에서 보호를 받는 저작물이므로 무단전재와 복제를 금합니다.

지은이 아라이 요시카즈
옮긴이 박권호

발행처 고즈윈
발행인 고찬규

신고번호 | 제2004-000095호
신고일자 | 2004년 04월 21일

주소 (04029) 서울특별시 마포구 양화로7길 84
전화 02-325-5676
팩스 02-333-5980

값은 표지에 있습니다.

ISBN 979-11-87904-39-7 (13190)